주 의

⚠

- 이 책은 치명적인 독 생물과 흥미로운 생존 기술을 사용하는 독 생물 등 다양한 독 생물의 놀라운 특징을 소개하는 것이 목적이다.

- 독 생물의 모습을 정확하게 이해할 수 있도록 생생한 사진들만 모아 수록하였다.

- 이 책에 등장하는 생물들의 명칭이 백과사전 등에 명확하게 등재되어 있지 않은 경우 저술가의 의견에 따른 명칭으로 표기하였다.

ふしぎ!? なんで!? 毒生物おもしろ超図鑑
<FUSHIGI!? NANDE!? DOKUSEIBUTSU OMOSHIRO CHOZUKAN>
Copyright © Yoshihide Shibata 2019
First published in Japan in 2019 by Seito-sha Co., Ltd.
Korean translation rights arranged with Seito-sha Co., Ltd.
through JM Contents Agency Co.
Korean edition copyright ⓒ2019 by Glsongi Co., Ltd.

이 책의 한국어판 저작권은 JMCA를 통한 저작권자와의 독점 계약으로 ㈜글송이에 있습니다.
저작권법에 의하여 한국 내에서 보호를 받는 저작물이므로 무단 전재와 무단 복제를 금합니다.

사진 제공 · 아마나이미지스(amana images), AntRoom 시마다 타쿠,
에프시지(FCG) 종합연구소 카와카미유지 박사, Ocean Blue 이마가와 카오루, Getty Images,
쓰루오카 시립 카모수족관, 나라여자대학, PIXTA, photolibrary,
마쓰모토 타다스미, 미즈오치 나오키

촬영 협조 · 일본 국립과학박물관

디자인 · 시바 토모유키(STUDIO DUNK)

일러스트 · 아이마 타로(e-loop), 생물디자인연구소 이치니치 잇슈,
가와사키 사토시, 고이케 나나에, FrogTree/ 코오

편집 협조 · 오피스 303(office303)

2025년 3월 10일 초판 8쇄 펴냄

지음 · 시바타 요시히데   **옮김** · 고경옥
펴낸이 · 이성호   **펴낸곳** · (주)글송이
편집/디자인 · 이여주, 오영인, 임주용
마케팅 · 이성갑, 윤정명, 이현정, 문현곤, 이동준
경영지원 · 최진수, 이인석, 진승현

출판 등록 · 2012년 8월 8일 제 2012-000169호   **주소** · 서울시 서초구 능안말 1길 1(내곡동)
전화 · 578-1560~1   **팩스** · 578-1562   **이메일** · gsibook01@naver.com

ISBN 979-11-7018-549-9 74490
      979-11-7018-548-2 (세트)

*이 도서의 국립중앙도서관 출판예정도서목록(CIP)은 서지정보유통지원시스템 홈페이지(http://seoji.nl.go.kr)와
국가자료종합목록시스템(http://www.nl.go.kr/kolisnet)에서 이용하실 수 있습니다.(CIP 제어번호: CIP2019039478)
*잘못 만들어진 책은 바꾸어 드립니다.

# 최강왕 15

최강왕 독 생물 대백과

세계에서 가장 위험한 독 생물을 가린다!

시바타 요시히데 지음

무섭다! 강력하다!

★오싹한★
초강력 독 생물!
175종

글송이

차 례

- 이 책의 본문 구성 ------------ 8
- 독을 가진 생물의 모든 것! ------ 10

1 독니를 조심하라!

뱀 ------------------ 16
- 뱀은 왜 다리가 없을까?
- 뱀은 눈이 나쁘다는데 정말일까?
- 뱀의 독니는 다 똑같을까?
- 뱀의 독은 다른 뱀에게도 해로울까?
- 독사에게도 천적이 존재할까?

레벨업! 독 생물 상식
필살기를 사용하는 독사 ------ 34

거미 ------------------ 38
- 거미는 모두 독을 지니고 있을까?
- 거미는 곤충이 아니라고?
- 타란툴라를 먹으면 맛있을까?

지네 ------------------ 48
- 지네는 노래기와 어떻게 다를까?
- 지네는 왜 사람을 물까?
- 노래기가 몸을 보호하는 방법은?

바다뱀 ---------------- 54
- 육지에 사는 뱀과 다른 종류일까?
- 바다뱀의 독도 강력할까?
- 바다뱀을 흉내 내는 문어의 정체는?

도마뱀 ---------------- 60
- 도마뱀의 독은 해독제가 없다는데 정말일까?
- 도마뱀은 왜 꼬리를 잘라 낼까?
- 독도마뱀의 독을 약으로 쓴다고?

독니에 물리면 어떻게 해야 할까? -- 66

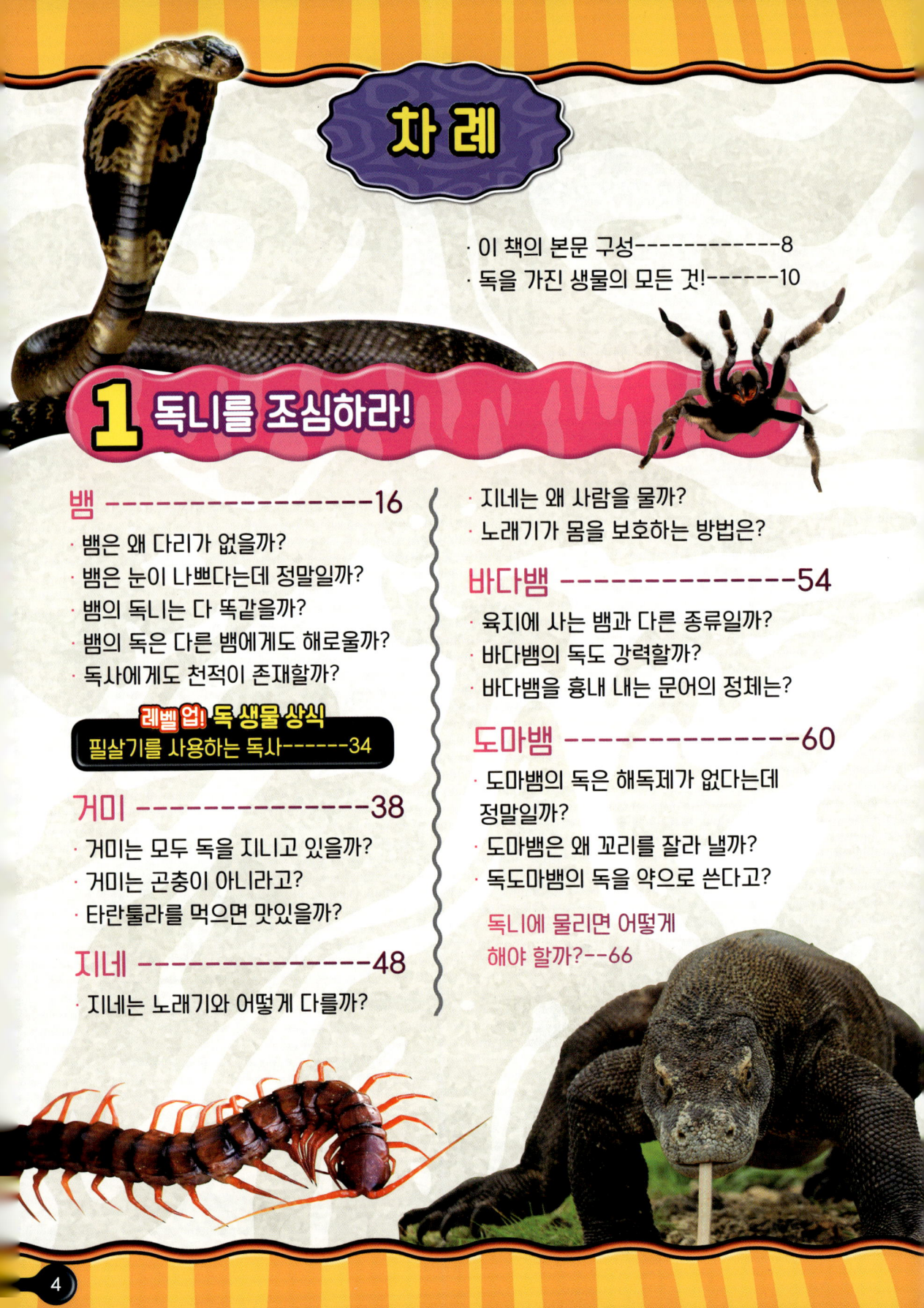

2 독침을 조심하라!

벌 --------------- 68
- 벌은 언제 사람을 공격할까?
- 벌을 흉내 내는 신기한 곤충은?
- 장수말벌에게도 천적이 있을까?
- 벌꿀에는 독이 전혀 없을까?
- 독이 있는 벌을 먹어도 괜찮을까?

개미 --------------- 84
- 날개가 있는 개미는 어떤 개미일까?
- 수개미와 암개미 모두 독침이 있을까?
- 개미를 먹을 수 있을까?

청자고둥 ----------- 94
- 청자고둥은 어떻게 독침을 쏠까?
- 청자고둥은 먹잇감을 어떻게 먹을까?
- 식용 조개에도 독이 있다고?

전갈 --------------- 100
- 집게발이 있는데 왜 독침을 사용할까?
- 일본에도 야생 전갈이 살고 있을까?
- 전갈을 닮은 식초전갈의 정체는?

레벨 업! 독 생물 상식
지독한 독가스를 내뿜는 생물 --- 106

독침에 쏘이면 어떻게 해야 할까? - 108

3 독이 묻은 피부와 털을 조심하라!

개구리 ------------- 110
- 개구리는 왜 독을 지녔을까?
- 개구리의 피부는 왜 미끈거릴까?
- 독 개구리를 먹으면 어떻게 될까?

레벨 업! 독 생물 상식
필살기를 사용하는 독 개구리 -- 122

모충 --------------- 126
- 독을 지닌 모충은 독나방으로 자랄까?
- 털이 없는 애벌레는 독이 없을까?
- 독을 지닌 모충도 여러 가지라고?

영원 --------------- 132
- 영원과 도마뱀붙이는 어떻게 다를까?
- 영원의 새끼는 올챙이와 비슷할까?
- 영원으로 마법 가루를 만들었다고?

레벨 업! 독 생물 상식
독을 지닌 위험한 새 -------- 138

독이 묻은 피부나 털을 만지면 어떻게 해야 할까? --- 140

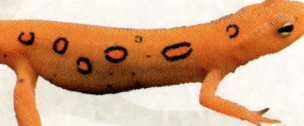

5

4 독 가시와 발톱을 조심하라!

오리너구리 ---------142
- 오리처럼 생긴 주둥이가 있는데 새가 아닐까?
- 오리너구리는 언제 독을 사용할까?
- 오리너구리를 쉽게 만날 수 있을까?

가오리 ------------146
- 가오리의 가시는 굉장히 위험하다고?
- 가오리의 얼굴은 어디일까?
- 강에 사는 독 가오리의 정체는?

쏨뱅이목 물고기 -----152
- 쏨뱅이목 물고기 낚시가 인기라고?
- 같은 무리끼리 싸우기도 한다고?
- 서로 힘을 모아 사냥을 한다고?

레벨업! 독 생물 상식
필살기를 사용하는 독 물고기--158

성게와 불가사리 ------162
- 독이 있는 성게를 먹어도 될까?
- 산호를 훼손하는 주범은 누구일까?
- 특별한 이름과 모양을 가진 성게는?

독 가시에 찔리면 어떻게 해야 할까?-168

5 흐늘흐늘한 촉수를 조심하라!

해파리 ------------170
- 해파리는 독을 어떻게 사용할까?
- 죽은 후에도 독이 남아 있을까?
- 수족관의 해파리는 인기 만점이라고?

말미잘 ------------176
- 말미잘을 만지면 어떻게 될까?
- 가장 강력한 독은 얼마나 치명적일까?
- 말미잘과 흰동가리는 왜 사이가 좋을까?

촉수에 쏘이면 어떻게 해야 할까?-182

6 숨겨진 독을 조심하라!

복어 --------------184
- 복어는 왜 독을 지녔을까?
- 사람은 언제부터 복어를 먹었을까?
- 함부로 먹으면 안 되는 해조류는?

레벨업! 독 생물 상식
함부로 먹으면 위험한 생물----190

문어 --------------- 192
- 문어는 어떻게 독을 사용할까?
- 독이 있는 문어를 먹어도 될까?
- 문어와 오징어의 먹물은 똑같을까?

두더지 --------------- 198
- 두더지는 어떻게 독을 사용할까?
- 햇빛을 쐬면 두더지는 위험해질까?
- 두더지는 수영 솜씨가 뛰어나다고?

늘보원숭이 --------- 204
- 늘보원숭이에게 물리면 위험할까?
- 새끼에게 독을 발라 준다고?
- 느릿느릿 움직이는 익살꾼은 누구?

모기 --------------- 208
- 모기에 물리면 왜 가려울까?
- 모기는 왜 사람의 피를 빠는 걸까?
- 가장 무서운 생물이 모기라고?

레벨 업! 독 생물 상식
무시무시한 흡혈 생물 ----- 214

메뚜기 ------------- 220
- 메뚜기는 왜 몸속에 독이 있을까?
- 독성 거품은 어떤 역할을 할까?
- 독을 지닌 위험한 나비는?

하늘소붙이 --------- 226
- 왜 '하늘소붙이'라는 이름이 붙었을까?
- 집에 들어오면 어떻게 해야 할까?
- 딱정벌레와 반딧불이에게도 독이 있다고?

레벨 업! 독 생물 상식
뜨거운 독가스를 내뿜는 곤충 -- 232

타액이나 체액에 섞인 독이 닿으면 어떻게 해야 할까? --- 234

7 움직이지 않는 생물을 조심하라!

버섯 --------------- 236
- 버섯은 식물이 아니라고?
- 버섯은 어떻게 번식할까?
- 독버섯은 전부 화려한 색일까?

식물 --------------- 246
- 왜 식물에 독이 있을까?
- 독은 식물에 어떤 도움을 줄까?
- 왜 독이 있는 식물을 심을까?

레벨 업! 독 생물 상식
맛있지만 독을 가진 식물 ---- 252

식중독에 걸리면 어떻게 해야 할까? -254
무시무시한 맹독성 생물 베스트 10 -256

이 책의 본문 구성

이 책에서는 독을 가진 생물들의
특별한 생존 기술과 다양한 생태 및 종류
놀라운 특징에 대해 소개한다.

이름 — 독을 가진 생물의 이름이 무엇인지 소개한다.

생태 — 독을 가진 생물이 어떻게 생활하는지 알 수 있다.

독이 있는 곳 — 독을 지닌 부위와 함께 공격에 사용하는 독인지, 몸을 보호하기 위한 독인지 알려 준다.

독을 가진 생물의 특징 — 독을 가진 생물의 특징과 해당되는 부위를 빨간색 선으로 표시하여 소개한다.

기본 정보 — 독을 가진 생물의 크기와 먹이, 서식 환경을 소개한다.

독을 가진 생물의 독성 레벨

독성 레벨
독성의 강도와 인체에 주입하는 독의 양, 알레르기 반응 등을 따져서 사람에게 얼마나 위험한지를 나타낸다.

- 레벨 0: 사람에게 해를 주거나 공격하지 않는다.
- 레벨 1: 잘 느끼지 못할 만큼 경미한 증상
- 레벨 2: 가볍고 금세 사라지는 증상

- 레벨 3: 통증이 오래 지속되는 증상
- 레벨 4: 격렬한 통증이 오래 지속되는 증상
- 레벨 5: 매우 위험한 증상

※ 사람의 목숨을 잃게 만든 독을 가진 생물은 모두 레벨 5로 표시한다.

독을 가진 생물의 종류를 소개한다. → **종류**

독을 가진 생물에 관한 재미있는 호기심을 풀어 준다. → **호기심**

바다뱀의 종류

끈띠바다뱀
야행성으로, 곰치나 붕장어처럼 길고 가는 물고기를 좋아한다. 먹잇감을 마비시키는 강력한 신경독을 지녔다.
- 크기: 80~150cm
- 서식지: 인도양·태평양
- 증상: 마비 (레벨 5)

넓은띠큰바다뱀
살무사나 반시뱀보다 훨씬 더 강력한 독을 지녔지만, 성질이 온순해서 사람을 쉽게 물지는 않는다.
- 크기: 70~150cm
- 서식지: 태평양 서부
- 증상: 마비 (레벨 5)

이이찌마바다뱀
산호에서 사는 물고기의 알만 먹는다고 알려졌다. 이가 없으며 독성도 매우 약하다.
- 크기: 70~90cm
- 서식지: 일본·중국·대만
- 증상: 경미한 마비 (레벨 1)

궁금한 바다뱀 이야기

호기심 1 바다뱀은 육지에 사는 뱀과 다른 종류일까?

① '바다뱀'이라고 불리는 생물에는 2가지 종류가 있다. 하나는 어류인 바다뱀으로 아가미로 호흡하며 날카로운 이빨을 지녔지만, 독은 없다. 다른 하나는 육지의 뱀과 같은 종류의 뱀으로 육지의 뱀이 바다에서 살 수 있도록 진화한 것이다.

(어류 바다뱀 / 독사 바다뱀)
"뱀처럼 생겼지만 물고기야."
"맹독성 뱀인 코브라의 친구야!"

② 독사 바다뱀이 육지의 뱀과 다른 점은 꼬리 모양이다. 바다뱀의 꼬리는 넓적하고 노처럼 생겨서 헤엄치기에 유리하다.
"독사 바다뱀은 꼬리가 납작해."
"육지의 뱀은 꼬리가 가늘어."

③ 하지만 물 밖으로 한번씩 머리를 내밀고 호흡해야 한다. 물 밖에서 1번 호흡하면 30분에서 최대 5시간까지 잠수할 수 있다.

(독사 바다뱀)

크기 — 독을 가진 생물의 대략적인 크기를 소개한다.

서식지 — 독을 가진 생물이 주로 어느 나라에 사는지 소개한다.

증상 — 독을 가진 생물의 독이 사람에게 어떤 증상을 일으키는지 소개한다.

독을 가진 생물의 모든 것!

독을 가진 생물은 살아남기 위한 수단으로 '독'이라는 무기를 손에 넣었다. 이들은 자신만의 방법을 터득해서 독을 무기로 사용한다.

왜 몸에 독을 지니고 있을까?

먹잇감을 사냥하기 위해!
스스로 살아가고, 새끼를 키우기 위해서는 반드시 먹잇감을 사냥해야 한다. 그러기 위해서는 '독'이라는 무기가 필요하다. 다시 말해 독은 자신과 새끼의 목숨을 지키기 위한 수단인 셈이다.

몸을 보호하기 위해!
자신보다 몸집이 크고, 더 강한 적으로부터 몸을 보호하기 위해 독을 사용한다. 강력한 독을 사용해 자신의 목숨을 지키는 것이다.

송곳니로 물어뜯다!
뱀이나 거미, 지네 등은 독이 있는 송곳니(독니)로 물어뜯은 뒤, 상대방의 몸에 독을 퍼트린다. p15~

독침을 쏘다!
벌과 개미, 청자고둥, 전갈은 독침으로 찔러서 독을 퍼트린다. p67~

독을 먹이다!
독버섯은 몸통 전체나 줄기, 열매 등에 독이 있어서 먹으면 고통스러워진다.
p235~

타액이나 체액을 뿜다!
늘보원숭이와 문어, 두더지, 메뚜기 등은 독이 섞인 타액(침)이나 체액을 내뿜는다. p183~

휘감다!
해파리나 말미잘은 흐늘흐늘한 촉수로 상대방을 휘감아서 독을 퍼트린다. p169~

피부에 닿게 하다!
개구리와 영원, 모충은 몸의 표면에 독을 지니고 있다. 만지기만 해도 피부에 독이 퍼진다. p109~

가시로 찌르다!
가오리나 쏨뱅이, 성게 등의 바다 생물은 날카로운 가시로 찌른다. p141~

독이 몸속에 들어오면?

사람의 몸속에 독이 들어오면 어떻게 될까?
그 증상은 독의 종류와 강도에 따라 다르다.

신경독

마비!
숨 쉬기 괴롭다!
심장이 뛰지 않는다!

몸 전체에 퍼져서 뇌의 명령을 전달하는 '신경'을 손상시키는 독이다. 뇌의 명령이 전달되지 않으면 숨도 쉴 수 없으며 심장 박동이 멈추고 만다.

뱀, 개구리 등

출혈독

극심한 통증!
피가 멈추지 않는다!
부어오른다!

뱀 등

혈관이나 혈액을 손상시키는 독이다. 피부밑의 혈관이 손상되고 출혈이 일어나서 아프고 부어오른다. 출혈독을 가지고 있는 독사에게 물리면 출혈과 함께 온몸으로 독이 퍼지게 된다.

혼합독

통증! 부어오른다! 마비!

해파리, 불가사리 등

독을 가진 생물 중에는 신경을 손상시키는 신경독과 혈액 및 혈관을 손상시키는 출혈독을 함께 지닌 생물도 존재한다.

알레르기의 원인이 되는 독

구토! 전신에 발진! 의식 불명! 어지러움!

몸속에 독이 들어오면 독으로부터 우리 몸을 보호하기 위하여 면역 반응이 일어난다. 이 면역 반응이 지나쳐서 과민 반응을 일으켜 병이 생기는 것을 '알레르기'라고 한다. 사람에 따라 다른 증상이 나타나기도 한다.

벌, 개미 등

어떤 종류의 독이라도 **독의 강도**에 따라서 **목숨**이 **위험**해지기도 한다!

독이란 무엇일까?

독으로 공격하는 생물이 존재하며, 독이 사람에게는 얼마나 위험한지도 알게 되었다. 그렇다면 과연 독이란 무엇일까?

무엇이든 '독'이 될 수 있다고?

이것도 독일까?

독이란 생물의 몸, 특히 사람의 몸에 해가 되는 성분을 말한다. 하지만 사실 무엇이든지 독으로 작용할 수 있다. 살아가는 데 꼭 필요한 물도 짧은 시간에 많은 양을 마시면 '물 중독'으로 목숨을 잃기도 한다. 하지만 그렇다고 해도 물을 '독'이라고 부르지 않는다. 훨씬 적은 양으로 치명적인 영향을 주는 물질이 바로 '독'이다.

독이 사람에게 도움을 주기도 한다고?

독은 사용법에 따라 '독'이 되기도 하고 '약'이 되기도 한다. 옛날부터 사람은 다양한 유독 식물(독성이 있는 식물)을 약초로 이용해 왔다. 또한 생물의 독을 연구해 치료제를 개발하기도 한다.

사람에게 해를 주지 않는 독이 있다고?

말미잘의 독은 대부분 사람에겐 위험하지 않다. 하지만 먹잇감이 되는 생물에게는 맹독으로 작용한다. 붉은바다거북은 사람에게 위험한 독을 지닌 해파리를 아무렇지도 않게 먹어 치운다.

약초로도 이용하지.

독일까? 독이 아닐까?

1 독니를 조심하라!

덥석 물어서 독을 퍼트린다.
먹잇감을 사냥할 때나 몸을 보호할 때도
독니는 강력한 무기가 된다.
위험한 독니를 가진 생물을 알아보자.

뱀

'독을 가진 생물' 하면 제일 먼저 생각나는 것이 뱀이다.
모든 뱀이 독이 있는 것은 아니지만 맹독성 뱀이 많다.

몸의 표면은 비늘로 뒤덮여서 몸이 건조해지는 것을 막아 주거나 상처로부터 보호해 준다.

비늘

독이 있는 곳!
독이 들어 있는 송곳니로 문다.
공격 수비

꼬리

몸통 뒷부분의 '총배출구'라고 하는 구멍으로 배설물을 내보낸다. 암컷은 이곳으로 알을 낳는다. 그 뒤쪽으로 가늘어지는 부분이 바로 꼬리이다.

귀
뱀은 귀가 없다. 턱뼈 또는 몸에 전달되는 움직임과 진동으로 소리를 감지한다.

눈
뱀의 눈에는 눈꺼풀이 없다. 그 대신에 투명한 비늘로 눈을 감싸서 보호한다.

복판
배에는 '복판'이라고 하는 폭이 넓은 비늘이 있다. 이 비늘을 이용해 기다란 몸을 구부러뜨리며 이동한다.

뱀의 생태

먹잇감을 한입에 덥석!

사냥 — 살아남기 위한 싸움

뱀은 육식 동물이다. 독사는 독을 이용해 능숙하게 먹잇감을 사냥한다.

◀ 커다랗게 입을 벌려서 자신보다 큰 먹잇감을 통째로 삼킨다.

탈피

탈피를 하는 뱀

몸이 성장하거나 피부의 상처가 아물면서 탈피를 한다. 탈피는 머리 쪽부터 시작해 마치 양말을 벗는 것처럼 조금씩 진행되며, 마지막에는 온몸의 허물을 벗는다.

머리부터 조금씩!

어미로부터 태어나다!

- 어미 뱀
- 새끼 뱀
- 총배출구

알에서 태어나다!

- 알

새끼

부화하는 방법은 2가지

알에서 부화하는 종류와 어미 뱀의 몸 안에서 알이 부화하여 새끼 뱀의 모습으로 태어나는 종류가 있다.

뱀의 기본 정보

크 기	1~1000cm
먹 이	다양한 생물
서식 환경	숲속, 초원, 사막, 물가 등

19

뱀의 종류

킹코브라

세계에서 몸길이가 가장 긴 독사이다. 독성의 강도보다 한번 물어서 퍼트리는 독의 양이 많아서 위험하다.

- 크기: 5.85m
- 서식지: 아시아
- 증상: 어지럼증·마비
- 레벨 5

인도코브라

목의 피부를 펼치면 등의 무늬가 보인다. 무늬가 안경처럼 생겨서 '안경뱀'이라고도 불린다.

- 크기: 1.2~2m
- 서식지: 남아시아
- 증상: 어지럼증·마비
- 레벨 5

케이프코브라

아프리카에 사는 코브라 중에 가장 몸집이 작다. 낮에 활동하며 나무에 올라가서 새의 둥지를 습격하기도 한다.

- **크 기** 1.2~1.7m
- **서식지** 남아프리카
- **증 상** 어지럼증·마비

레벨 4

산호뱀

강력한 독을 지닌 뱀이다. 만지거나 밟지 않는 한, 사람을 무는 일은 거의 없다.

- **크 기** 50~76㎝
- **서식지** 미국 남동부
- **증 상** 어지럼증·마비

레벨 4

밀크스네이크

닮았지만, 독이 없다!

독은 없지만, 산호뱀과 쏙 닮았다. 맹독성 뱀처럼 보여서 적의 공격을 잘 받지 않는다고 한다.

- **크 기** 1~1.3m
- **서식지** 멕시코

뱀의 종류

타이거스네이크

한번에 많은 양의 독을 주입한다. 독사가 많은 오스트레일리아에서 가장 위험하다고 알려진 뱀이다.

- 크 기: 1~1.8m
- 서식지: 오스트레일리아
- 증 상: 어지럼증 · 마비  레벨 5

인랜드타이판

독성의 강도로는 뱀 중에 최강이다. 사람의 목숨을 빼앗을 정도로 무시무시한 독을 지녔지만, 기본적으로 성격은 온순하다.

- 크 기: 1.4m | 서식지: 오스트레일리아 | 증 상: 어지럼증 · 마비  레벨 5

가봉북살무사

가장 커다란 독니를 지닌 뱀이다. 사람이 물리면 목숨을 잃을 수도 있다. 낙엽에 몸을 숨긴 채 먹잇감을 노린다.

| 크기 | 1.7~2.1m | 서식지 | 아프리카 | 증상 | 출혈·마비 | 레벨 5 |

서부다이아몬드방울뱀

위험을 느끼면 꼬리 끝의 '발음기관'을 통해 소리를 내며, 몸을 S자로 들어 올려서 상대방을 위협한다.

| 크기 | 1.8~2.1m | 서식지 | 미국 남부~멕시코 북부 | 증상 | 출혈·마비 | 레벨 5 |

뱀의 종류

맹그로브뱀

열대 및 아열대 지역 해안에 분포한 맹그로브 숲에 사는 뱀이다. 나무에 올라가서 새 등을 잡아먹는다. 독은 세지 않지만 난폭하다.

- 크 기 : 1.7~2.5m
- 서식지 : 동남아시아
- 증 상 : 출혈 / 레벨 2

촉수

촉수뱀

강이나 연못 등의 물에서 사는 뱀이다. 입 끝에 달린 수염처럼 생긴 2개의 촉수가 특징이다.

- 크 기 : 60~100cm / 레벨 1
- 서식지 : 동남아시아
- 증 상 : 출혈

붐슬랑스네이크

나무 위에 살며 카멜레온 등의 도마뱀을 잡아먹는다. 물리면 목숨을 잃을 만큼 맹독을 지녔다.

- 크 기 : 1.4~2.0m
- 서식지 : 아프리카
- 증 상 : 출혈·마비 / 레벨 5

반시뱀

일본에서 가장 몸집이 큰 맹독성 뱀이다. 사람을 자주 물기도 하며 나무 위에서 덮치기도 한다.

크 기	1.2~2.4m
서식지	일본·대만
증 상	출혈·마비

레벨 5

살무사

강력한 독을 지녔다. 풀숲이나 낙엽에 숨어 있는 살무사를 알아채지 못해 밟아서 물리는 일이 발생하기도 한다.

크 기	45~70㎝
서식지	한국·일본·중국
증 상	출혈·마비

레벨 4

유혈목이

반시뱀이나 살무사보다 강한 독을 지녔으며 물리면 목숨을 잃기도 한다. 하지만 성격이 온순해서 먼저 공격하지 않는 한 물지 않는다.

크 기	70~150㎝
서식지	한국·일본·중국
증 상	출혈·격통

레벨 5

궁금한 뱀 이야기

호기심 1 뱀은 왜 다리가 없을까? 다리가 없어서 불편하지 않을까?

① 아주 먼 옛날에는 뱀도 4개의 다리가 있었다.

② 화석을 보면 긴 몸통에 작은 다리가 있었다는 사실을 알 수 있다.

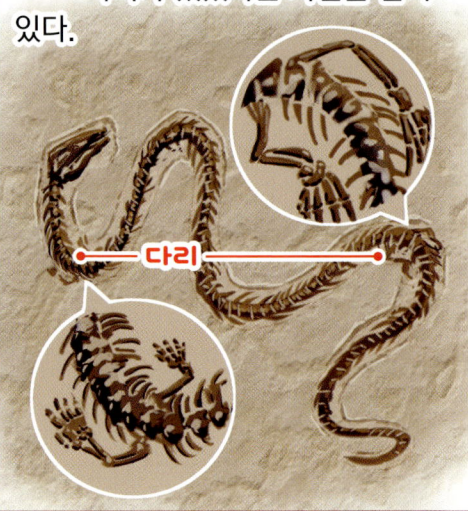

다리

③ 부드러운 모래 위나 낙엽 위에서는 다리가 없어야 오히려 더 빠르게 움직일 수 있기 때문에 뱀의 다리는 결국 사라지고 말았다. 뱀은 몸을 좌우로 구부러뜨리며 앞으로 나아간다.

뱀이 엄청 빠른데?

※ 일반적인 자전거의 평균 시속은 12~15km.

가장 빠른 뱀인 '검은맘바'의 최고 시속은 약 17km이다. 자전거를 타는 것보다 빠르다.

호기심 2 뱀이 기다란 혀를 날름거리는 이유는 무엇일까?

① 뱀은 코뿐만 아니라 혀로도 냄새를 맡을 수 있다. 혀를 내밀고 있는 이유는 주변의 냄새를 감지하기 위해서이다.

② 공기 중의 냄새를 혀에 묻힌 채 입 안쪽의 '야콥슨 기관'에 갖다 대어 냄새를 알아낸다.

※ 야콥슨 기관이 2개여서 혀끝도 두 갈래로 갈라져 있다.

호기심 3 뱀은 눈이 나쁘다는데 정말일까? 어떻게 먹잇감을 사냥할까?

① 뱀은 시력이 좋지 않으며 청각도 발달하지 않았다. 그래서 어두운 곳에서는 냄새와 몸에 전달되는 진동으로 먹잇감을 찾는다.

② 반시뱀이나 살무사 등은 더 민감하게 주변의 열을 감지하는 '피트 기관'을 가지고 있다. 주변이 어두워도 열로 먹잇감을 찾는다.

호기심 4 뱀의 독니는 다 똑같을까?

① 뱀의 종류에 따라 독니는 조금씩 다르다. 코브라과의 뱀의 독니는 입 앞쪽에 위치한다.

② 유혈목이 등 뱀과에 속하는 뱀은 어금니 안쪽에 독니가 있다. 따라서 먹잇감을 깊게 물지 않으면 독니까지 닿지 않는다.

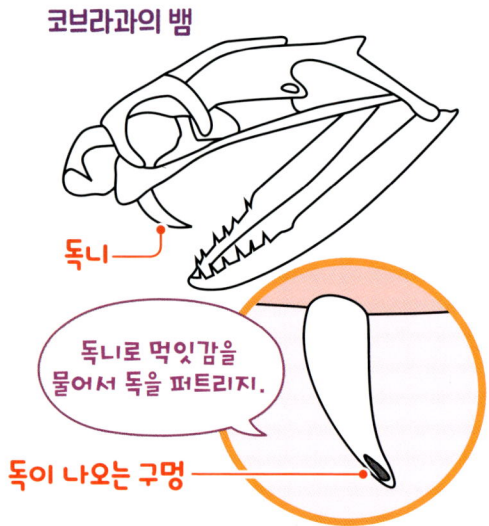

코브라과의 뱀 — 독니로 먹잇감을 물어서 독을 퍼트리지. 독이 나오는 구멍

뱀과에 속하는 뱀 — 독니 / 하지만 독은 치명적이지!

③ 가장 커다란 독니를 지닌 뱀은 살무사과의 뱀이다. 코브라과의 뱀처럼 앞쪽에 독니가 솟아 있지만, 입을 다물 때는 입안으로 접어 넣을 수 있다. 따라서 독니가 커도 방해가 되지 않는다.

살무사과의 뱀 — 독니를 접었을 때 / 독니 / 독니를 접고 입을 다물 수 있지. / 독니를 사용할 때 / 독니 / 필요할 때는 독니를 펼 수 있어!

호기심 5 뱀은 왜 똬리를 틀고 머리를 들어 올리는 걸까?

1 뱀이 몸을 둘둘 말고 있는 모습을 보고 '똬리를 틀었다.'라고 말한다. 똬리를 틀고 있으면 기다란 몸을 펼치고 있을 때보다 몸을 보호하기 쉽다.

주변을 탐색하는 중이야.

2 먹잇감이나 적의 기척을 느끼면 머리를 쓱 들어 올린다. 머리를 들어 올리는 자세는 '공격 자세'이다.

적이 다가오는군. 좋아, 공격이다!

3 머리를 들어 올릴 때, 목을 넓게 펼치는 뱀도 있다. 무섭게 보여서 상대방에게 겁을 주기 위해서이다.

4 목이 넓어지는 이유는 목의 뼈를 펼쳐서 피부를 잡아당기기 때문이다. 뼈를 오므리면 목도 가늘어진다.

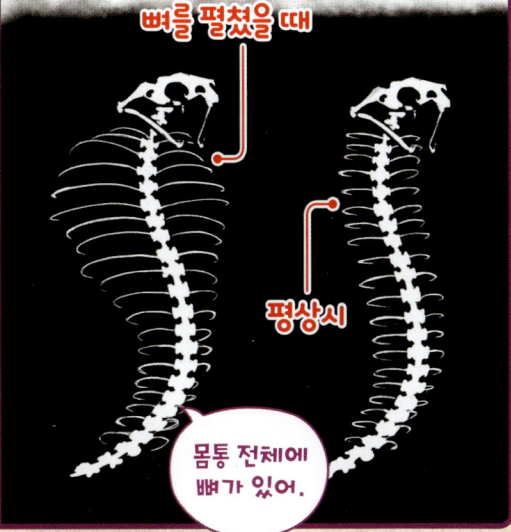

뼈를 펼쳤을 때 / 평상시 / 몸통 전체에 뼈가 있어.

호기심 6 뱀의 독은 다른 뱀에게도 해로울까?

뱀의 독은 다른 뱀에게도 해로운 영향을 끼친다. 하지만 강력한 독도 전혀 통하지 않는 뱀도 있다.

킹스네이크

맹독성 뱀도 덥석!

킹스네이크는 독이 없는 뱀이지만, 먹잇감을 목 졸라 죽이는 강력한 힘을 무기로 사용한다. 또한 다른 뱀들의 독에 면역력을 가지고 있으며, 오로지 힘으로 독사를 칭칭 감아서 잡아먹는다. 맹독을 지닌 방울뱀을 가장 좋아한다고 알려졌다.

킹코브라

독사도 통째로 꿀꺽!

맹독을 지녔으며 몸집이 크고 다른 뱀의 독이 들어와도 끄떡없다. 킹코브라는 먹잇감으로 뱀을 가장 좋아해서 '뱀을 잡아먹는 뱀'이라는 뜻의 학명이 붙었다.

호기심 7 무시무시한 독사에게도 천적이 존재할까?

① 강해 보이는 독사에게도 분명히 천적은 존재한다. 예를 들어, 뱀을 잡아먹는 동물로 유명한 몽구스가 있다. 재빠른 동작으로 독니를 피해서 뱀의 목숨을 빼앗는다.

▼인도코브라를 잡아먹는 인도몽구스

▲붐슬랑스네이크를 공격하는 아프리카의 슬렌더몽구스

② 물장군은 살무사의 독니와 멀리 떨어진 몸통에 입에서 튀어나온 두꺼운 침을 찔러서 살을 녹여 먹는다.

③ 아프리카의 뱀잡이수리는 독니로도 반격할 수 없는 강력한 발길질로 독사를 잡아먹는다.

호기심 8 뱀은 왜 다양한 색깔과 무늬를 지녔을까?

1 주변 환경과 비슷한 색과 무늬로 몸을 숨긴 채, 움직이지 않고 먹잇감이 다가오기만을 기다리는 뱀이 있다.

> 모래 색깔 몸통에 모래 무늬까지 있지.

> 내 몸통은 낙엽 무늬야. 내가 어디 있는지 찾을 수 있을까?

2 나무 위에 사는 뱀은 나뭇잎과 똑같은 녹색이다. 먹잇감뿐만 아니라 적에게도 쉽게 들키지 않는다.

3 반대로 일부러 눈에 띄는 모습의 뱀도 있다. "독이 있으니 조심해. 위험하다고!"라는 경고의 뜻이다. 또한 독이 없는데도 화려한 색으로 독이 있는 척하는 뱀도 존재한다.

> 무서운 독이 있다고!

> 속았지? 사실은 없거든?

호기심 9 뱀은 어떻게 자기보다 큰 먹잇감을 통째로 삼킬 수 있을까?

① 뱀은 입을 아주 크게 벌릴 수 있다. 위턱과 아래턱이 크게 벌어질 뿐만 아니라, 아래턱은 좌우로도 움직인다.

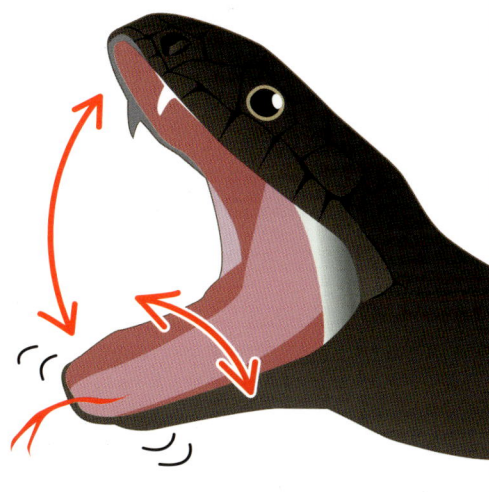

② 입안의 독니와 작은 이빨 모두 바늘 모양이어서, 먹잇감을 콱 무는 것만으로는 먹잇감을 뜯어 먹을 수 없다.

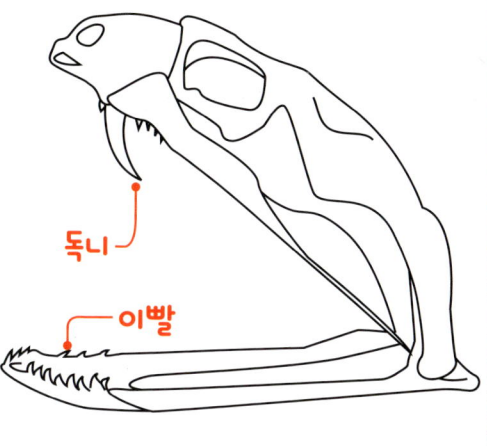

③ 뱀의 몸통과 피부는 먹잇감의 크기에 따라 늘어난다. 뱀은 먹잇감을 통째로 삼켜서 천천히 소화시킨다. 아래턱에 숨을 쉬기 위한 구멍이 있어서 숨을 쉬지 못해 고통스러워지는 일은 없다.

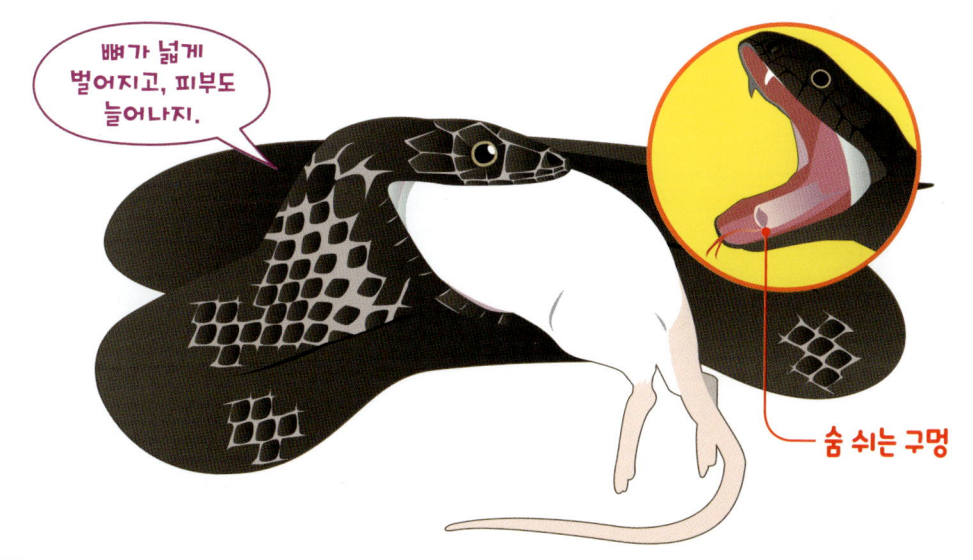

레벨 업! 독 생물 상식

필살기를 사용하는 독사

놀라운 기술
독을 내뿜다!

그것이 궁금하다!

독을 왜 내뿜을까?

1 독을 내뿜는 이유는 몸집이 커다란 적으로부터 몸을 보호하기 위해서이다. 독으로 공격해서 적을 쫓아 버린다. 또한 먹잇감을 사냥할 때는 독니로 물어서 잡아먹는다.

> 적의 눈을 향해 발사!

> 확실히 없애 주겠어!

모잠비크 스피팅코브라

독액을 2m가 넘는 곳까지 분수처럼 내뿜어 적을 쏘아 맞춘다. 전 세계에는 10여 종의 스피팅코브라가 있다.

크 기	1~1.5m
서식지	아프리카
증 상	어지럼증·마비

레벨 4

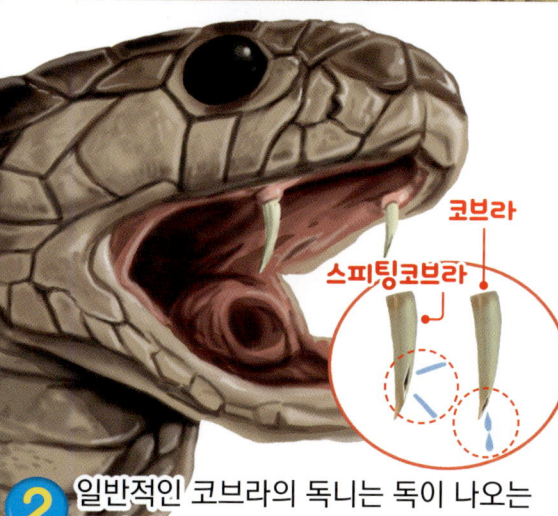

2 일반적인 코브라의 독니는 독이 나오는 구멍이 아래쪽을 향해 있다. 하지만 스피팅코브라의 독니는 독이 나오는 구멍이 정면을 향해 있다.

레벨 업! 독 생물 상식

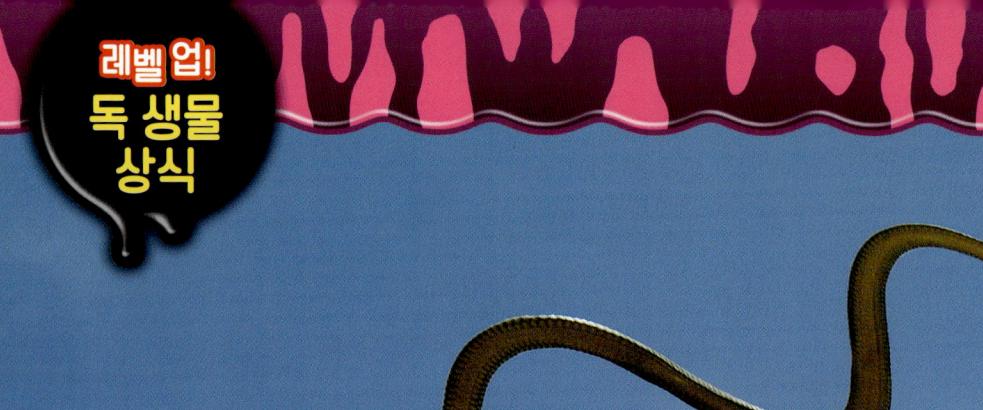

놀라운 기술 **하늘을 날다!**

파라다이스나무뱀

숲에 사는 파라다이스나무뱀은 나뭇가지에서 공중으로 튀어 올라 약 100m의 거리를 미끄러지듯이 날아간다.

크 기	1~1.2m
서식지	동남아시아
증 상	출혈

레벨 **1**

최강 반전 하늘을 나는 게 아니라 떨어지는 거라고?

① 나뭇가지에 매달린 채 머리를 들어 올려서 점프한다.

② 뼈를 넓게 펼쳐서 몸 전체를 평평하게 만들어 미끄러지듯이 공중에서 이동한다.

평상시의 뼈　　날 때의 뼈

위로 날아오르는 힘은 없기 때문에 낮은 곳에서 높은 곳으로 날지는 못한다.

거미

전 세계에는 약 3만여 종의 거미가 존재한다. 모든 거미가 독을 지녔지만 사람에게 해로운 독거미는 극히 일부분이다.

배의 끝에 실이 나오는 돌기가 있다. 거미는 대부분 3개의 돌기를 지녔다.

실이 나오는 곳

눈
거미의 눈은 대부분 8개이다. 하지만 6개, 4개, 2개 또는 눈이 없는 거미도 존재한다.

독이 있는 곳!
'협각'이라고 불리는 위턱에 날카로운 독니가 있다.

공격

다리
좌우 합쳐서 모두 8개의 다리를 가졌다. 다리 끝의 발톱이 2개인 거미와 3개인 거미가 있다.

거미의 생태

먹잇감을 향해 공격!

사냥 — 직접 먹잇감 사냥

거미줄을 치고 먹잇감이 걸려들기만을 기다린다고 생각하지만, 거미의 반 정도는 거미줄을 치지 않고 직접 먹잇감을 사냥한다.

알은 알주머니 속에!

산란 — 캡슐처럼 생긴 알주머니

수많은 알을 한꺼번에 실로 감싸서 캡슐처럼 생긴 알주머니 안에 보관한다. 그 알주머니를 거미줄에 매달거나 자신의 몸에 붙여서 보호한다.

거미의 기본 정보

크 기	0.5~50mm
먹 이	곤충, 새
서식 환경	숲속, 초원, 도시, 연못이나 강 등

거미의 종류

브라질떠돌이거미

남아메리카에 사는 독거미이다. 물리면 극심한 통증이 몰려오며 온몸이 마비된다.

크 기	1.5~4㎝
서식지	아르헨티나 북부·브라질
증 상	격통·마비 

시드니깔때기그물거미

오스트레일리아의 시드니 근처에서만 서식하며 세계에서 손꼽히는 맹독성 거미이다. 특히 수컷의 독이 강력해서 물리면 심장 마비를 일으킨다.

크 기	5㎝
서식지	오스트레일리아
증 상	마비 

갈색은둔거미

피부를 괴사시키는 독을 지녔다. 물렸을 때는 많이 아프지 않지만, 12시간 정도가 지나면 피부가 썩어 들어간다.

크 기	7~12mm
서식지	북아메리카 남부
증 상	괴사 레벨 5

골리앗버드이터

어른의 손바닥만한 크기로, 세계 최대급인 거대 거미이다. 물리면 통증이 심하지만, 목숨을 잃지는 않는다. 몸에 난 털에도 독이 있으며 눈에 독액이 들어가면 가려움증이 멈추지 않는다.

크 기	10cm
서식지	남아메리카 북부
증 상	격통 레벨 3

거미의 종류

지중해과부거미

처음에는 침으로 쏘인 것처럼 따끔했다가 금세 통증이 사라진다. 하지만 조금 지나면 다시 강렬한 통증이 몰려온다. 심할 때는 경련이 일어나서 목숨을 잃기도 한다.

- 크 기: 1.5cm
- 서식지: 지중해 연안·중앙아시아
- 증 상: 통증·마비 레벨 5

붉은등과부거미

물리면 심한 통증과 함께 구토 등의 증상이 나타난다. 치료하지 않으면 목숨이 위험해지기도 한다. 암컷은 수컷보다 더 크다고 알려졌다.

- 크 기: 3.5~15mm
- 서식지: 오스트레일리아
- 증 상: 통증·구토  레벨 5

갈색과부거미

신경독을 지녔으며 물리면 통증과 함께 피부가 빨개진다. 주로 건조한 열대·아열대 지역에 널리 분포한다.

- 크 기: 2.5~10mm
- 서식지: 오스트레일리아
- 증 상: 통증·경련  레벨 4

애어리염낭거미

물리면 살이 타는 듯한 통증을 느낀다. 억새 잎을 삼각형으로 말아서 알자리를 만들며 그곳에 알을 낳는다.

크 기	3~10㎜
서식지	한국·일본·중국
증 상	통증·구토·발열

레벨 4

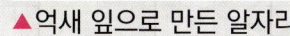
▲ 억새 잎으로 만든 알자리

산왕거미

저녁이 되면 거미줄을 치는 대형 거미이다. 독성과 무는 힘이 약해서 물리더라도 살짝 따끔한 정도이다.

크 기	1~3㎝
서식지	한국·일본·중국·대만
증 상	통증

레벨 2

궁금한 거미 이야기

호기심 1 거미는 모두 독을 지니고 있을까?

① 모든 거미는 독을 지니고 있다. 독이 나오는 송곳니를 이용해서 먹잇감을 사냥한다.

독니로 먹잇감을 잡아먹지.

독샘 / 송곳니 / 독 / 독니

※독샘: 독을 내보내는 곳

② 하지만 거미의 독은 대부분 벌레 등의 먹잇감에만 해를 입힌다. 사람에게 치명적인 독을 지닌 거미는 극히 일부분이다.

멕시칸레드니

▲물리면 아프고 부어오르지만, 목숨에 지장을 주지는 않는다.

③ 사람에게 해를 주는 독은 커다란 생물로부터 몸을 지키기 위해 생겨났다고 한다.

빨리 약을….

호기심 2 거미는 곤충이 아니라고? 곤충과 다른 점은 무엇일까?

1 곤충의 몸통은 머리, 가슴, 배 3부분으로 나뉘며 6개의 다리가 있다. 하지만 거미의 다리는 8개이며 머리·가슴, 배 2부분으로 나뉜다.

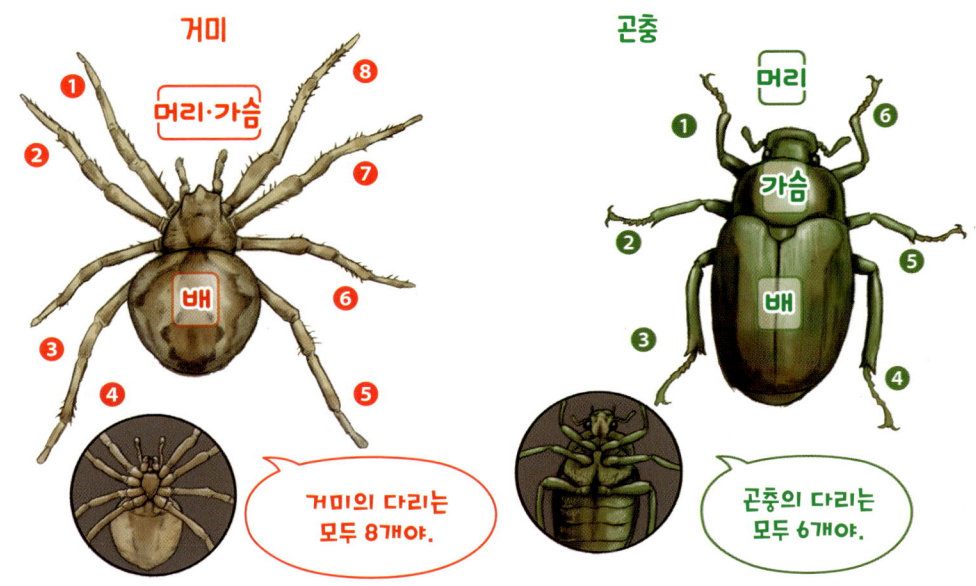

거미의 다리는 모두 8개야.

곤충의 다리는 모두 6개야.

2 눈이 많은 곤충도 있지만 거미는 보통 8개의 눈을 가졌다. 눈의 위치나 크기는 종류에 따라 다양하다.

3 '협각'이라고 불리는 위턱 안에 독샘이 있으며, 그 끝에 독니가 달린 것도 거미의 특징이다.

크기가 다른 눈이 8개나 된다고!

깡충거미

독니 / 협각

시드니깔때기그물거미

호기심 3 거미는 어떻게 거미줄을 칠까?

① 먼저 실을 뽑아서 바람에 날려 최초의 거미줄을 친다.

② 맨 처음 친 거미줄을 발판으로 세로줄을 친다. 세로줄은 끈적이지 않으므로 거미의 다리에 달라붙지 않는다.

③ 빙글빙글 돌아가며 가로줄을 친다. 가로줄에는 끈끈한 액이 방울방울 맺혀 있어서 먹잇감을 움직이지 못하게 한다.

끈적끈적한 실은 밟지 말아야 해.

④ 거미줄에도 다양한 형태가 있다. 거미줄을 치는 방법이나 먹잇감을 잡는 방법도 각양각색이다.

손짓거미
▼3, 4개의 실로만 거미줄을 치는 손짓거미

들풀거미
▼나무에 망사처럼 거미줄을 치는 들풀거미

호기심 4 독이 묻은 털로 공격하는 거미가 있다는데 정말일까?

'타란툴라'는 대형열대거미과에 속하는 거미의 총칭이다. 남아메리카에 사는 털이 덥수룩한 타란툴라는 독니로 먹잇감을 사냥하지만, 적의 위협을 받으면 독이 묻은 털을 잔뜩 날려서 몸을 보호한다.

▲애완동물로도 인기가 많은 칠리안로즈헤어타란툴라

 스페셜뉴스 다양한 음식으로 이용되는 타란툴라

타란툴라는 애완동물로 키우기도 하지만 음식으로 이용되기도 한다. 동남아시아에서는 타란툴라 튀김이 인기가 많다고 한다. 남아메리카에서는 바나나 잎에 싸서 찜으로 먹으며, 오스트레일리아에서는 튀겨 먹기도 한다. 익히면 독성분이 없어져서 먹어도 안전하다. 대형 거미여서 제법 살이 많으며, '새우튀김'이나 '프라이드치킨' 같은 맛이 난다고 한다. 타란툴라 통조림도 판매되고 있다.

지네

지네는 수많은 다리로 미끄러지듯이 움직인다. 입에는 독을 내뿜는 커다란 턱이 있으며, 이 턱으로 먹잇감을 잡아먹는다.

큰턱
먹잇감을 사냥하기 편리하도록 가위처럼 생겼다.

다리
왕지네과의 지네는 모두 42개의 다리가 달려 있다.

긴 다리
가장 뒤에 달린 다리 2개는 마치 꼬리처럼 길다. 움직일 때는 사용하지 않으며 적을 위협할 때 사용한다.

독이 있는 곳!
'협각'이라고 불리는 곳에 날카로운 독니가 있다.

지네의 생태

사냥
먹잇감을 물어서 공격

땅 위를 돌아다니며 곤충과 지렁이 등의 먹잇감을 물어서 공격한다. 독을 퍼트린 뒤, 힘이 약해지면 잡아먹는다.

사나운 육식 동물!

몸을 둥글게!

보호
알을 지키는 방법

봄부터 초여름에 걸쳐 50여 개의 알을 낳는다. 암컷은 알이나 부화한 새끼를 몸을 둥글게 말아서 배로 감싼 뒤, 보호한다.

지네의 기본 정보

크 기	3~300mm
먹 이	곤충, 지렁이, 작은 동물
서식 환경	숲속, 초원, 도시 등

지네의 종류

차이니즈뷰티센티패드

크 기	17~20cm
서식지	중국·일본·대만
증 상	통증 레벨3

일본에 사는 지네 중 가장 강력한 독을 지녔다.
야행성이며 밤이 되면 먹잇감을 잡으러 돌아다닌다.

아마존왕지네

| 크 기 | 20~30cm | 서식지 | 남아메리카 |
| | | 증 상 | 통증 레벨3 |

세계에서 가장 큰 지네로 정글에 산다. 맹독을 지녔으며 물리면 극심한 통증에 시달린다. 작은 새나 박쥐를 공격해서 잡아먹는다.

일본왕지네

주변 풀밭에서도 발견되며 몸통이 파란색이다. 물리면 통증과 함께 독니 모양의 구멍이 2개 생긴다.

크 기	6~10cm
서식지	한국·일본
증 상	통증 레벨 3

왕지네

집 안으로 들어와 밤중에 사람을 물기도 한다. 물리면 극심한 통증을 일으킨다.

크 기	13cm
서식지	한국·일본
증 상	통증 레벨 3

궁금한 지네 이야기

호기심 1 지네는 노래기와 어떻게 다를까?
또 그리마와 다른 점은 무엇일까?

① 지네의 다리는 종류에 따라 다르지만 보통은 100개 정도이다.

지네
마디

몸통을 이루고 있는 마디 양쪽에 다리가 1개씩 달려 있어.

② 노래기는 지네보다 다리가 많다. 많은 것은 750개의 다리를 가진 노래기도 있다.

마디
노래기

마디 양쪽에 다리가 2개씩 달려 있어.

③ 지네와 노래기는 움직이는 속도가 다르다. 먹잇감에 따라 움직임이 달라지기 때문이다.

④ 그리마과에 속하는 절지동물, '그리마'는 다리가 30개에 불과하지만, 다리의 길이가 매우 길다.

그리마

호기심 2 지네는 왜 사람을 물까?

1 지네는 특별히 사람을 물지는 않는다. 다만 바퀴벌레 등의 먹잇감을 찾아서 사람이 사는 집으로 들어오기도 한다.

2 습한 곳을 좋아해서 이불이나 신발 속으로 들어가기도 한다. 우연히 지네를 건드렸다가 물릴 수도 있다.

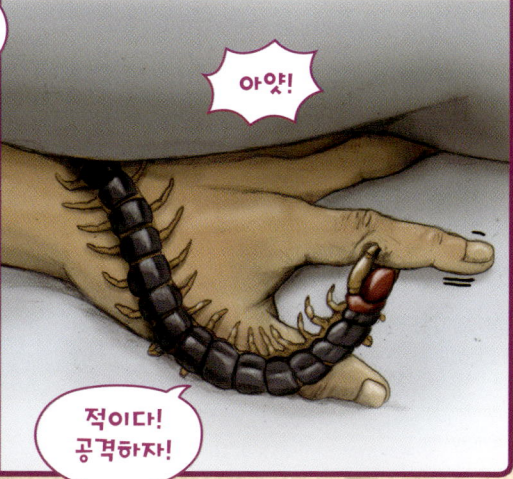

스페셜 뉴스 노래기가 몸을 보호하는 방법

썩은 식물이나 균사체를 먹는 노래기는 지네처럼 커다란 턱이나 먹잇감을 잡아 죽이는 독을 가지고 있지는 않다. 위험을 느끼면 몸을 작고 둥글게 만 뒤, 매우 고약한 냄새의 체액을 옆구리에서 내뿜어 몸을 보호한다.

바다뱀

바다뱀은 코브라과에 속하는 맹독성 생물이다. 물리면 목숨이 위험해질 정도로 강력한 신경독을 지녔다.

머리
머리는 매우 작으며 입도 크게 벌릴 수 없다.

폐
종류에 따라서는 숨을 멈추고 최대 5시간 가까이 잠수할 수도 있다. 길고 가느다란 폐는 몸통의 길이와 맞먹는다.

꼬리
넓적한 꼬리는 꿈틀거리며 헤엄치기에 좋은 모양이다.

독이 있는 곳!
육지에서 사는 뱀과 마찬가지로 입안에 독니가 있다.

공격

바다뱀의 생태

휴식 육지에서 쉬는 바다뱀

넓은띠큰바다뱀은 낮에는 주로 육지에 올라와서 쉰다. 알도 육지에서 낳는다.

낮에는 느긋하게!

통째로 삼켜 버리다!

사냥 잠자는 물고기를 공격

밤에 바위틈 등에서 자고 있는 물고기에 다가가 덥석 물어서 독을 퍼트린다. 바다뱀에게 물린 물고기는 몸이 마비되어 움직일 수 없게 되며, 바다뱀은 물고기를 통째로 삼켜 버린다.

바다뱀의 기본 정보

크 기	70~220cm
먹 이	물고기, 물고기의 알
서식 환경	따뜻한 바다

바다뱀의 종류

끈띠바다뱀

야행성으로, 곰치나 붕장어처럼 길고 가는 물고기를 좋아한다. 먹잇감을 마비시키는 강력한 신경독을 지녔다.

- 크 기 : 80~150㎝
- 서식지 : 인도양·태평양
- 증 상 : 마비

넓은띠큰바다뱀

살무사나 반시뱀보다 훨씬 더 강력한 독을 지녔지만, 성질이 온순해서 사람을 쉽게 물지는 않는다.

- 크 기 : 70~150㎝
- 서식지 : 태평양 서부
- 증 상 : 마비

이이지마바다뱀

산호에서 사는 물고기의 알만 먹는다고 알려졌다. 이빨이 없으며 독성도 매우 약하다.

- 크 기 : 70~90㎝
- 서식지 : 일본·중국·대만
- 증 상 : 경미한 마비

올리브바다뱀

크 기	1~2m
서식지	오스트레일리아 북부 연안
증 상	마비

산호초가 많은 바다에 살며, 물고기와 물고기의 알을 먹는다. 사람을 겁내지 않아서 종종 가까이 다가오기도 한다.

부리바다뱀

치명적인 신경독을 지녔다. 독의 양도 많아서 1마리의 독으로 53명의 목숨을 빼앗아 갈 정도라고 한다.

크 기	1~1.4m
서식지	아라비아해·인도양· 동남아시아의 바다
증 상	마비·괴사

두보이스바다뱀

크 기	70~100cm
서식지	오스트레일리아 북부 연안
증 상	마비

맹독을 지닌 뱀 중에 하나이다. 독성의 강도는 부리바다뱀의 2배에 이른다고 한다.

궁금한 바다뱀 이야기

호기심 1 바다뱀은 육지에 사는 뱀과 다른 종류일까?

① '바다뱀'이라고 불리는 생물에는 2가지 종류가 있다. 하나는 어류인 바다뱀으로 아가미로 호흡하며 날카로운 이빨을 지녔지만, 독은 없다. 다른 하나는 육지의 뱀과 같은 종류의 뱀으로 육지의 뱀이 바다에서 살 수 있도록 진화한 것이다.

어류 바다뱀

뱀처럼 생겼지만 물고기야.

독사 바다뱀

맹독성 뱀인 코브라의 친구야!

② 독사 바다뱀이 육지의 뱀과 다른 점은 꼬리 모양이다. 바다뱀의 꼬리는 넓적하고 노처럼 생겨서 헤엄치기에 유리하다.

독사 바다뱀은 꼬리가 넓적해.

육지의 뱀은 꼬리가 가늘어.

③ 하지만 물 밖으로 한번씩 머리를 내밀고 호흡해야 한다. 물 밖에서 1번 호흡하면 30분에서 최대 5시간까지 잠수할 수 있다.

독사 바다뱀

호기심 2 바다뱀의 독도 강력할까? 어느 정도 치명적일까?

독성은 킹코브라보다 세다고!

크라잇바다뱀

넓은띠큰바다뱀

맹독이라면 자신 있어.

바다뱀의 독은 호흡과 심장을 멈추게 하는 신경독이다. 넓은띠큰바다뱀의 독성은 육지의 독사인 반시뱀의 20배에 이른다. 비슷한 종류인 크라잇바다뱀은 더욱 강력한 독을 지녔지만, 성격이 온순해서 사람을 무는 일은 거의 없다.

스페셜 뉴스 바다뱀을 흉내 내는 문어의 정체

15가지 이상의 생물로 변신할 수 있어!

마치 바다뱀처럼 보이지만, 이 바다뱀의 정체는 '흉내문어'이다. 독이 있는 바다뱀의 흉내를 내서 몸을 보호하는 것이다. 이 밖에도 가자미나 말미잘, 가오리 등으로 위장하기도 한다.

도마뱀

전 세계에는 약 4,500여 종의 도마뱀이 있지만, 독을 지닌 도마뱀은 단 3종류뿐이다.

비늘
온몸이 비늘로 덮여 있어서 강한 햇빛에 몸이 건조되는 것을 막아 준다.

다리
바깥으로 뻗은 4개의 다리로 움직인다. 발가락은 앞·뒷발 모두 5개씩이다.

독이 있는 곳!
아래턱에 독니가 있다.
공격

입
양옆으로 크게 찢어졌으며 날카로운 이빨이 솟아 있다. 혀를 날름거리며 냄새를 감지한다.

도마뱀의 생태

먹이 | 먹이는 곤충과 알

도마뱀의 대부분은 곤충이나 작은 포유류, 알 등을 먹는 육식 동물이다. 이구아나처럼 식물을 먹는 초식 도마뱀도 있다.

육식을 즐기다!

둥지에서 알을 보호!

산란 | 땅 위에 낳는 알

도마뱀은 대부분 땅 위에서 알을 낳아 번식한다. 도마뱀 중에는 알이 부화할 때까지 계속 옆에서 지키는 도마뱀도 있다.

도마뱀의 기본 정보

크 기	2.3~300㎝
먹 이	곤충, 물고기, 작은 동물, 과일
서식 환경	숲속, 초원, 사막, 물가, 도시 등

도마뱀의 종류

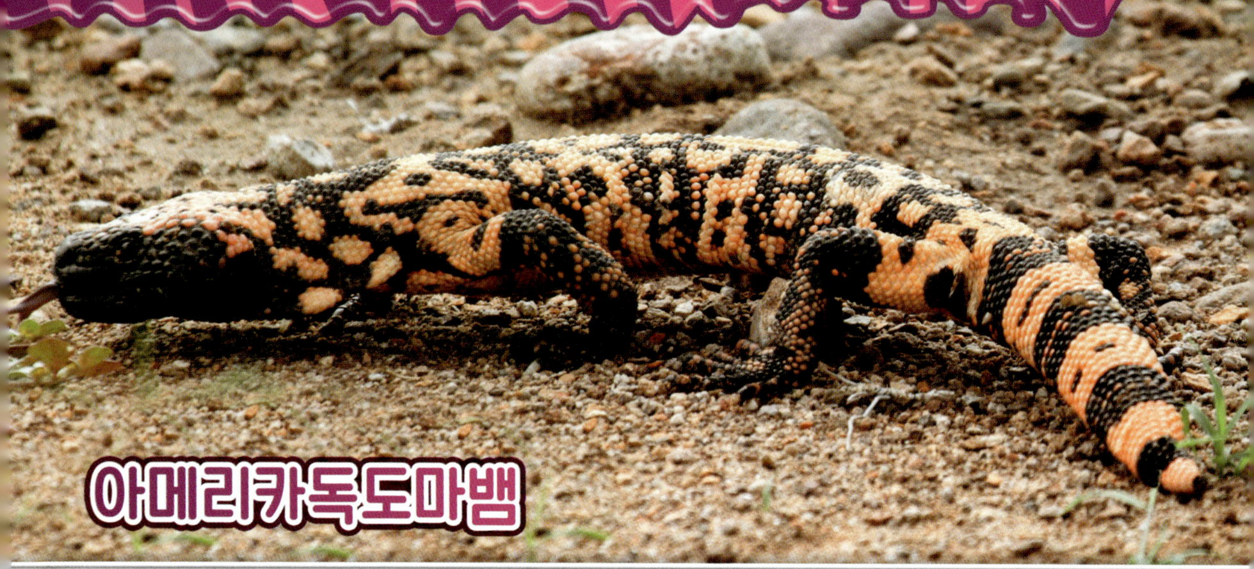

아메리카독도마뱀

사막에 사는 도마뱀이다. 새의 알을 좋아하며 느릿느릿 움직인다. 먹잇감을 날카로운 이빨로 물어뜯은 뒤, 아래턱에서 나오는 독을 상처난 곳으로 흘려보낸다. 강력한 신경독이지만, 사람의 목숨을 위협할 정도는 아니다.

크 기	40~50㎝
서식지	북아메리카 남부~멕시코 북서부
증 상	마비

멕시코독도마뱀

크 기	40~70㎝
서식지	멕시코 북서부·과테말라
증 상	마비

멕시코의 건조한 숲에 산다. 아메리카독도마뱀처럼 아래턱에서 독이 나온다. 몸집은 아메리카독도마뱀보다 조금 더 크며 꼬리는 길고 가늘다.

코모도왕도마뱀

세계에서 가장 큰 도마뱀이다. 독이 있는지 정확히 알려지지 않았지만, 최근 연구로 아래턱의 이빨 사이에서 독이 나온다는 사실이 밝혀졌다.

크 기	2~3m
서식지	인도네시아의 코모도 섬·린차 섬
증 상	출혈

레벨 5

궁금한 도마뱀 이야기

호기심 1 도마뱀의 독은 해독제가 없다는데 정말일까?

① 도마뱀의 독을 치료하는 약은 없지만, 아메리카독도마뱀이나 멕시코독도마뱀의 독으로는 사람의 목숨이 위험해지지 않는다.

아프지만, 괜찮아질 거야.

② 하지만 독도마뱀은 한번 물면 쉽게 놓아 주지 않아서 떼어 내기가 매우 힘들다.

저… 저리 가!

③ 코모도왕도마뱀에 독이 있다는 사실이 밝혀진 것은 최근의 일이다. 독을 치료하는 약도 아직 개발되지 않아서 물리면 목숨을 잃기도 한다.

무섭지?

④ 단, 사람이 사육하는 코모도왕도마뱀은 사람을 잘 따르기도 한다.

호기심 2 도마뱀은 왜 꼬리를 잘라 낼까? 모든 도마뱀이 꼬리를 자를까?

1 적의 공격을 받았을 때, 꼬리를 일부러 잘라 내는 도마뱀이 있다. 적이 꿈틀대는 꼬리를 신경 쓰는 사이에 도망치기 위해서이다.

2 하지만 독도마뱀은 꼬리를 자르는 방법을 사용하지 않는다. 독을 사용할 수 있고, 몸집이 커서 급하게 도망을 가지 않기 때문이다.

잘린 꼬리는 다시 생기거든!

한번 잘리면 다시 생기지 않아.

스페셜 뉴스 — 약으로 쓰이는 독도마뱀의 독

아메리카독도마뱀의 입안에 있는 독성분으로, 당뇨병 치료제를 개발하였다. 독성분을 연구해서 화학적으로 똑같은 물질로 합성해 사용하므로 도마뱀을 대량으로 포획하지 않는다.

응급처치? 독니에 물리면 어떻게 해야 할까?

정확한 지식 없이 상처를 째서 독을 빼내거나, 입으로 독을 빨아내는 등의 행동은 매우 위험하다. 즉시 병원에 가서 치료를 받아야 한다.

독을 지닌 위험한 뱀 반시뱀·살무사·유혈목이

  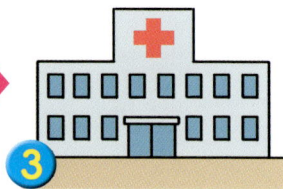

1. 당황하지 않고 조용히 뱀에게서 멀어진다.
2. 상처보다 심장에 가까운 곳을 가볍게 묶는다.
3. 최대한 신속하게 병원에 간다.

독을 지닌 위험한 거미 애어리염낭거미·붉은등과부거미·갈색과부거미

1. 두통, 구토의 증상이 있으면 응급 처치 없이 바로 병원에 가야 한다.
2. 물린 곳을 물로 씻고 약을 바른다.
3. 심하게 부어오르거나 통증이 심하면 냉찜질을 하고 병원에 간다.

독을 지닌 위험한 지네 차이니즈뷰티센티패드·일본왕지네·왕지네

- 물린 상처를 따뜻한 물(43~46℃)로 씻어 낸다.
- 습진이나 피부염, 벌레 물린 데 바르는 약을 바른다.
- 통증 외에도 두통, 구토, 오한 등의 증상이 나타나면 병원에 간다.

독을 지닌 위험한 바다뱀 끈띠바다뱀·넓은띠큰바다뱀

- 응급 처치를 하기보다 신속하게 병원에 가야 한다. 물렸을 때는 별다른 증상이 없지만, 시간이 지나면 마비 등의 증상이 나타나기도 한다.
- 바다 수영을 하다 바다뱀에게 물렸다면 곧바로 바다에서 나와야 한다.

벌

주변에서 쉽게 볼 수 있는 곤충이다. 독이 없는 벌도 있지만 강력한 독을 지닌 벌에게 쏘이면 목숨을 잃을 수도 있다.

배
먹이를 소화하는 내장과 독액을 생성하는 독샘이 있다.

독침
알을 낳는 '산란관'이 변한 것이다.

독이 있는 곳!
배 끝의 독침으로 찌른다.

공격 수비

날개 — 4장의 날개로 힘차게 날갯짓하며 빠르게 날아다닌다.

눈 — 큰 눈은 수많은 작은 눈으로 이루어졌다.

큰턱 — 무는 힘이 매우 강해서 딱딱한 나무껍질도 갉아 먹을 수 있다.

벌의 생태

먹잇감을 향해 돌격!

사냥 — 독침으로 정면 승부

벌은 애벌레의 먹이를 구하기 위해서 사냥을 한다. 이때 배 끝의 침에서 나오는 독이 도움을 준다. 독침을 꾹 찔러서 상대방의 힘을 약하게 만든다.

▶ 어른벌레는 꽃꿀이나 나뭇진을 먹는다.

먹이 — 주식은 달콤한 꽃꿀

벌은 꽃꿀이 주식이다. 자신과 애벌레를 위해 꿀을 몸에 축적해서 벌집으로 운반한다. 꿀을 채집해서 벌집에 잔뜩 모아 둔다.

열심히 꿀을 모으다!

무당벌레

기생하여 알을 낳다!

기생 — 벌의 생존 전략

다른 생물의 몸에 알을 낳아 기생하는 벌도 많다. 알에서 부화한 애벌레는 기생했던 생물의 몸을 먹으며 성장한다.

벌의 기본 정보

크 기	0.18~50mm
먹 이	곤충, 작은 동물, 나뭇진, 꽃꿀
서식 환경	숲속, 초원, 도시 등

벌의 종류

장수말벌

- 크 기: 2.7~4.4㎝
- 서식지: 한국·일본·인도~동아시아
- 증 상: 통증·알레르기

레벨 5

세계에서 가장 큰 말벌이다. 독성이 매우 강하고, 독의 양도 많아서 사람이 쏘이면 목숨을 잃을 수도 있다. 땅속에 집을 짓기도 해서 알아채지 못하고 가까이 다가갔다가 쏘이는 일이 많다.

유럽말벌

숲속에 사는 말벌로, 주로 나뭇진을 빨아 먹는다. 어두워진 후에도 계속해서 활동하므로 밤에 장수풍뎅이를 채집할 때 조심해야 한다. 먹잇감으로 매미를 좋아한다.

- 크 기: 1.9~2.8㎝
- 서식지: 유럽·아시아
- 증 상: 통증

좀말벌

사람과 가장 가까운 곳에 사는 말벌이다. 비교적 온순하지만 벌집에 가까이 다가가면 공격한다. 쏘이면 통증이 매우 심하다.

크 기	2.1~2.9㎝
서식지	아시아
증 상	통증 레벨 3

땅벌

흑백 줄무늬를 가진 작은 벌로, 땅속에 집을 짓는다고 해서 '땅벌'이라는 이름이 붙여졌다. 공격성이 강하지는 않지만 쫓으면 쏘일 수도 있다.

크 기	1~1.2㎝
서식지	한국·일본·유럽
증 상	통증 레벨 3

등검정쌍살벌

벌집에 사람이 모르고 가까이 다가가면 공격한다. 쏘이면 극심한 통증에 시달리며 빨갛게 부어오른다. 때로는 아나필락시스 쇼크(과민성 충격)를 일으키기도 한다.

크 기	2~2.6㎝
서식지	한국·일본·몽골
증 상	통증·알레르기 레벨 3

벌의 종류

등검은말벌

- 크 기: 2cm
- 서식지: 동남아시아·한국(외래종)
- 증 상: 통증·알레르기 레벨 5

원래는 동남아시아에 서식하는 벌이지만 외래종(다른 나라에서 들어온 품종)으로 우리나라에서 발견되기도 한다. 공격성이 강하며 벌집을 자극하면 끝까지 따라온다. 쏘이면 목숨을 잃을 수도 있다.

타란툴라호크

- 크 기: 6cm
- 서식지: 북아메리카 남부~남아메리카
- 증 상: 통증  레벨 4

거대한 거미인 타란툴라에 강력한 독침을 쏴서 마비시킨 뒤, 타란툴라 몸에 알을 낳는다. 사람이 쏘이면 기절할 정도로 강렬한 통증이 몰려온다.

재래꿀벌

온순하지만 벌집을 자극하면 무리 지어 따라다니며 공격하기도 한다.
1마리가 지닌 독의 양은 많지 않지만 여러 마리에게 물리면 목숨이 위험해진다.

- **크 기** 1.2cm
- **서식지** 한국·일본·중국·동남 아시아
- **증 상** 통증·알레르기 레벨 2

양봉꿀벌

꿀을 채집하기 위해 사육하는 꿀벌이다. 재래꿀벌과 마찬가지로 독의 양은 적지만 무리 지어 공격하면 위험해진다. 아나필락시스 쇼크를 일으켜 사망하기도 한다.

- **크 기** 1.2cm
- **서식지** 전 세계의 온대 지역
- **증 상** 통증·알레르기 레벨 5

어리뒤영벌

꽃꿀을 매우 좋아해서 이리저리 꽃을 찾아 돌아다니며 다른 꽃으로 화분(꽃가루)을 운반하는 역할을 한다. 굉장히 온순하며 일부러 잡지 않는 한 공격하지 않는다.

- **크 기** 1~1.8cm
- **서식지** 한국·일본
- **증 상** 통증 레벨 2

벌의 종류

기생말벌

- 크 기: 3mm
- 서식지: 일본
- 레벨: 0

알을 낳는 기생말벌

무당벌레

무당벌레의 몸에서 나온 애벌레

사람에게는 해가 없지만 무당벌레를 조종하는 독을 지녔으며, 살아 있는 무당벌레의 몸에 알을 낳는다. 알에서 부화한 애벌레는 무당벌레의 체액을 빨아 먹으며 성장한다. 3주가 지나면 무당벌레의 배 아래에 고치(실을 내어 지은 집)를 만든다.

왕청벌

꽃꿀을 먹으며 금속처럼 반짝이는 예쁜 모습의 벌이다. 주로 호리병벌의 벌집 속에 자신의 알을 낳는다. 부화한 왕청벌의 애벌레는 호리병벌의 애벌레를 먹으며 성장한다.

- 크 기: 1.2~2cm
- 서식지: 한국·일본·중국·인도
- 레벨: 0

- **크기** 2.2cm
- **서식지** 아시아·아프리카 등 열대 지역
- **레벨** 0

보석말벌

바퀴벌레에서 나오는 보석말벌

바퀴벌레

바퀴벌레에 기생하는 말벌이다. 보석말벌의 독이 바퀴벌레의 몸에 퍼지면 움직임이 둔해진다. 그 뒤에 바퀴벌레를 집으로 옮겨서 알을 낳는다. 알에서 부화한 애벌레는 바퀴벌레를 먹으며 성장한다.

바퀴벌레의 더듬이를 끊는 보석말벌

스페셜 뉴스 - 사람이 만들어 낸 살인 말벌

방호복을 입은 소방관의 마스크 위를 뒤덮은 벌은 '아프리카화꿀벌'이다. 아프리카꿀벌과 양봉꿀벌을 교배해서 사람이 만들어 낸 벌이다. 공격성이 매우 강하며 무리를 지어 사람이나 가축을 습격해서 죽음에 이르게 한다.

궁금한 벌 이야기

호기심 1. 벌은 언제 사람을 공격할까? 독침을 쏘고 나면 어떻게 될까?

① 벌은 자신의 집을 지키기 위해 사람을 공격한다. 사람이 가까이 다가오면 적이라고 생각하기 때문에 공격하는 것이다. 벌을 손으로 쫓거나 급하게 방향을 바꿔서 움직이면 벌이 더욱 흥분하므로 조용히 멀어져야 한다.

벌을 유인하는 달콤한 주스 냄새

벌의 표적이 되기 쉬운 어두운색의 옷

② 꿀벌은 사람을 쏘면 몸에서 독침이 빠져서 죽고 만다. 하지만 독침과 독주머니가 사람의 몸속에 남아 계속해서 독이 퍼진다.

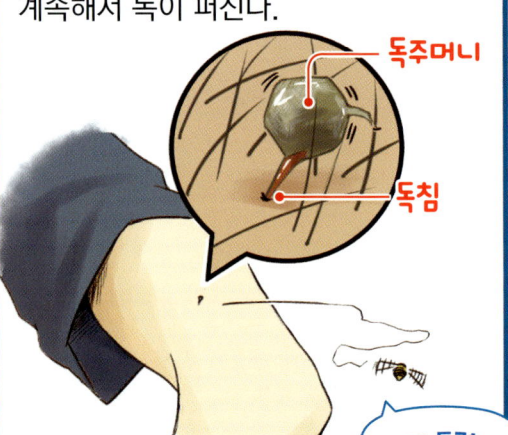

독주머니
독침

③ 꿀벌의 독침은 한번 피부에 박히면 빠지지 않는 모양을 하고 있기 때문이다. 말벌 등 다른 벌은 사람을 쏘아도 죽지 않는다.

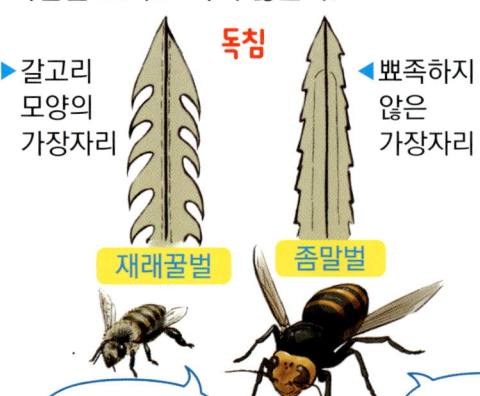

▶ 갈고리 모양의 가장자리
독침
◀ 뾰족하지 않은 가장자리

재래꿀벌   좀말벌

이제 틀렸어.

독침을 쏘는 건 마지막 수단이야.

난 몇 번이고 쏠 수 있지!

호기심 2 위험한 벌은 어떤 곳에 있을까?

나무에 달린 말벌집

① 독성이 강하며 몇 번이고 독침을 쏠 수 있는 말벌은 산이나 풀숲뿐만 아니라 사람이 사는 집이나 공원에도 집을 짓는다.

② 장수말벌이나 땅벌은 땅속이나 나무 구멍에도 집을 짓는다. 벌집이 보이지 않아도 벌이 모여 있으면 위험하다.

여기가 집으로 가는 길이야.

③ 황말벌이나 등검은말벌, 등검정쌍살벌 등은 집의 처마 밑에 집을 짓는다.

처마 밑에 집을 지은 쌍살벌

④ 만약 집이나 학교에서 벌집을 발견하더라도 절대 가까이 다가가서는 안 된다. 전문가를 부르도록 하자.

살충제를 사용한다.

벌집을 떼어 낸다.

호기심 3  벌의 몸에는 왜 화려한 줄무늬가 있을까?

1 눈에 띄는 노란색과 검은색을 조합하면 화려하고 위협적인 느낌이 든다. 자신이 위험한 존재라는 사실을 색으로 표현하는 것이다.

2 위험을 알리는 노란색과 검은색의 조합은 건널목이나 도로 표지, 공사 현장 등에서도 자주 사용된다.

스페셜 뉴스 - 벌을 흉내 내는 신기한 곤충

꿀벌을 흉내 낸 파리 — 꽃등에

말벌을 흉내 낸 하늘소 — 호랑하늘소

몸을 보호하기 위해 무서운 벌의 흉내를 내는 곤충도 많다. 파리의 일종인 꽃등에는 꿀벌과 비슷하게 생겼다. 하늘소 중에서도 호랑하늘소는 말벌을 쏙 빼닮았다.

호기심 4 최강 장수말벌에게도 천적이 있을까?

① 곤충 중에 가장 강할 것처럼 보이지만 사실 막상막하의 라이벌이 존재한다. 바로 장수잠자리, 왕사마귀, 파리매이다. 공격 방법과 상황에 따라서 장수말벌이 상대방의 먹잇감이 되기도 한다.

장수잠자리 / 왕사마귀 / 파리매

② 힘이 약한 꿀벌에게 당하기도 한다. 수십 마리의 꿀벌 무리가 공 모양으로 에워싼 후, 날개 근육을 세차게 진동시켜 열을 낸다. 이 열기를 이기지 못하고 죽는다.

※꿀벌 무리 안쪽의 온도는 약 46℃나 된다.

③ 장수말벌의 천적으로 '벌매'라는 새가 있다. 장수말벌의 집을 공격해서 벌과 애벌레, 집까지 모조리 먹어 치운다.

※벌매의 깃털에서 벌이 공격하지 않도록 온순하게 만드는 성분이 나온다고 한다.

호기심 5  벌꿀에는 독이 전혀 없을까?

① 벌꿀에는 식중독의 원인이 되는 보툴리누스균이 있다. 1살 이하의 어린 아기는 먹어서는 안 된다.

② 1살이 지나서 소화 기능이 발달하면 보툴리누스균을 이겨 낼 수 있다.

벌꿀 성분이 들어 있는 음식은 먹으면 안 돼!

호기심 6  독이 있는 벌을 먹어도 괜찮을까?

열을 가하면 독성이 사라지므로 벌을 기름에 바삭하게 튀겨서 먹기도 한다. 가장 유명한 음식은 '애벌레 요리'이다. 독이 없는 애벌레와 번데기를 먹는다.

호기심 7 여왕벌과 일벌 중에 어느 쪽이 더 강력한 독을 지녔을까?

① 벌의 독침은 알을 낳는 산란관이 변한 것이다. 따라서 암컷에게만 독침이 있다.

② 암컷 벌에는 여왕벌과 일벌이 있으며, 독의 세기는 같다.

암컷 / 수컷

암컷은 모두 독침을 가지고 있어.

수컷은 침도 없고, 독도 없지 뭐야.

여왕벌 / 일벌

독의 세기는 똑같아.

③ 말벌 중에 겨울에도 살아 있는 벌은 여왕벌뿐이다. 봄이 되면 혼자서 벌집을 짓기 시작하는 여왕벌은 살아남아서 알을 낳아야 하므로 가능한 한 적과 싸우지 않는다. 또 여왕벌은 벌집 밖으로 나가지 않고 계속해서 알을 낳으므로 독침을 거의 사용하지 않는다. 하지만 일벌은 먹이를 모으고 집을 지키기 위해 독침을 사용한다.

여왕벌

집을 짓고 알을 낳는 게 내 임무야.

일벌

애벌레를 위해 독침으로 먹잇감을 사냥하고, 적을 내쫓기도 하지.

개미

벌이 진화한 곤충으로, 벌처럼 배 끝에 독침을 지닌 개미도 있다. 독침에 쏘이면 말벌보다 통증이 심할 때도 있다.

더듬이
반드시 중간에 꺾어지는 부분이 있다. 냄새와 맛을 느끼는 센서 역할을 한다.

배자루마디
가슴과 배 사이에 1개 혹은 2개의 작은 배자루마디가 있다. 배자루마디는 개미만의 특징이다.

큰턱
힘이 세서 딱딱한 나무나 곤충의 몸통을 잘게 찢을 수 있다. 적과 싸울 때 무기로 사용한다.

눈
집이 어두운 땅속에 있어서 눈은 그다지 발달하지 않았다.

독이 있는 곳!
배 끝에 독침이 있다. 개미산을 분사하는 개미도 있다.

개미의 생태

먹이 — 먹이를 저장하는 개미

땅속에 집을 짓는 개미는 일개미가 바깥에서 가져온 먹이로 생활한다. 무거운 먹잇감은 모두가 힘을 합쳐서 운반한다.

함께 먹이를 운반하다!

협력해서 집을 짓다!

사는 곳 — 땅속은 개미 왕국

일개미들이 힘을 모아 땅속에 구멍을 파고 집을 짓는다. 하지만 종류에 따라서 나무 구멍이나 대나무, 덤불 속 등 다양한 장소에 집을 짓기도 한다.

개미의 기본 정보

크 기	1~40mm
먹 이	곤충, 식물의 씨앗, 균류, 꿀
서식 환경	숲속, 초원, 사막, 도시 등

개미의 종류

총알개미

정글에 사는 거대한 개미다. 맹독성 침에 쏘이면 총알에 맞은 것처럼 아프다고 한다. 독침과 큰턱으로 적과 싸운다.

- 크 기: 2.5㎝
- 서식지: 중앙~남아메리카
- 증 상: 격통  레벨 3

- 크 기: 4㎜
- 서식지: 남아메리카
- 증 상: 격통·알레르기 레벨 5

붉은불개미

원래 남아메리카에 사는 개미이지만 지금은 전 세계에 널리 퍼져 있다. 독침에 쏘이면 불에 타는 듯이 아파서 '불개미'라는 이름이 붙여졌다.

불독개미

크 기	8~25㎜
서식지	오스트레일리아
증 상	격통·알레르기 레벨 5

공격적이며 무리 지어 습격한다. 독침으로 찌르고 큰턱으로 물기도 한다. 아나필락시스 쇼크로 목숨을 잃을 수도 있다.

집게턱개미

크 기	1~1.3㎝ 레벨 3
서식지	전 세계의 열대·아열대 지역
증 상	격통

시속 230㎞의 믿기 어려운 속도로 큰턱을 닫을 수 있다. 강력한 큰턱으로 먹잇감을 물어서 사냥한다. 배 끝에 독침이 있다.

개미의 종류

홍개미

숲속에 작은 개미총(땅속에 집을 짓기 위해 파낸 흙가루가 땅 위에 쌓인 것)을 짓고 생활한다. 개미총을 무너트리면 수많은 일개미가 쏟아져 나와 '개미산'이라는 독액을 분사하며 공격한다.

- **크 기** 4.5~9㎜
- **서식지** 유럽 레벨 ☠3
- **증 상** 피부와 눈의 염증

▲ 배에서 개미산을 발사한다.

불개미

홍개미와 같이 숲속의 땅 위에 작은 산처럼 개미총을 만든다. 배에서 나오는 개미산이 눈에 들어가면 실명할 수도 있다.

- **크 기** 5~7㎜
- **서식지** 한국·일본·중국·유럽
- **증 상** 피부와 눈의 염증

레벨 ☠3

일본왕개미

정원이나 밭에서 볼 수 있는 매우 흔한 개미다. 먹이를 사냥할 때 개미산을 내뿜어서 상대방의 힘을 약하게 만든다. 독침이 없어서 쏘지는 않는다.

크 기	7~12mm 
서식지	한국·일본·대만·필리핀·시베리아
증 상	피부와 눈의 염증

왕침개미

배 끝에 있는 독침에 쏘이면 욱신거리는 통증이 계속된다. 집 근처에서도 쉽게 찾아볼 수 있으며, 풀밭 등에 앉을 때 쏘이지 않도록 조심해야 한다.

크 기	3.5mm
서식지	한국·일본·대만
증 상	통증 

배검은꼬마개미

숲이나 풀밭에 사는 매우 작은 개미다. 배 끝에 독침이 있어서 사람을 쏘기도 하지만 독성은 그다지 세지 않다.

크 기	1.5mm	서식지	한국·일본	증 상	통증 

궁금한 개미 이야기

호기심 1. 개미가 무는 것과 쏘는 것은 어떻게 다를까?

1 개미는 위협을 느끼면 큰턱으로 세게 문다.

있는 힘껏 물어 버릴 거야!

2 크고 날카로운 큰턱은 모든 개미가 지닌 무기다.

단단한 큰턱

3 큰턱뿐만 아니라 독침을 가진 개미도 있다. 큰턱으로 물고 독침으로 찌른다.

물고 찔러야지!

4 사냥을 할 때도 마찬가지로, 큰턱으로 먹잇감을 잡아서 독침으로 숨통을 끊는다.

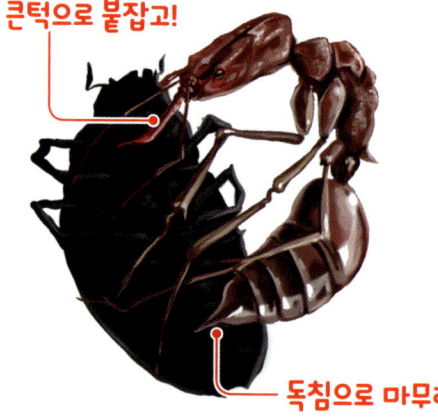

큰턱으로 붙잡고!

독침으로 마무리!

 **날개가 있는 개미는 어떤 개미일까?**

① 다음 차례에 여왕이 될 개미거나 수개미다. 이 둘은 공중에서 짝짓기를 하는 '결혼 비행'을 치른다.

② 짝짓기가 끝나면 여왕이 될 개미는 땅에 내려와 날개를 떼어 내고 새로운 집을 짓는다.

※ 흰개미도 날개가 있지만 흰개미는 개미가 아닌 다른 종류의 곤충이다.

 **수개미와 암개미 모두 독침이 있을까?**

① 여왕개미와 먹이를 모으고 애벌레를 돌보는 일개미만 독침을 지녔다. 독침이 있는 개미는 모두 암컷이다.

② 수개미는 독침이 없다. 수컷은 자손을 번식하기 위해 여왕개미와 짝짓기를 마친 후에 생을 마감한다.

4 개미핥기와 개미지옥에겐 개미의 독침이 위험하지 않을까?

1 개미의 독침에 쏘이면 위험하지만 개미를 먹는 건 괜찮다. 동남아시아 등의 지역에서는 사람도 개미를 먹는다.

2 개미지옥은 모래 속에 숨어서 개미의 독침에 쏘이기 전에 먼저 잡아먹어 버린다.

이쪽으로 떨어져라.

3 개미핥기는 피부가 딱딱해서 개미의 독침이 들어가지 않는다.

독침이 들어가지 않아.

4 때때로 동물원에 있는 작은개미핥기는 개미를 급하게 많이 먹어서 배탈이 나기도 한다.

원래는 개미보다 흰개미를 좋아해.

 **5** 일본에도 사람에게 위험한 독개미가 살고 있을까?

원래 일본에는 사람을 죽게 하는 독개미는 서식하지 않았다. 하지만 2017년에 매우 위험한 독을 지닌 개미가 발견되었다. 원래 남아메리카에 서식하는 개미인데 화물선에 섞여서 일본으로 들어왔다.

배를 타고 왔어.

위험!

붉은불개미

일본의 독개미

불개미

일본왕개미

왕침개미

모두 독은 약해.

 개미를 흉내 내는 신기한 생물

개미처럼 변신!
사마귀의 애벌레

다리가 8개인 개미?
불개미거미

크기가 작아도 위협적이어서 개미를 흉내 내는 생물도 많다. 특히 불개미거미는 개미를 흉내 내는 생물로 유명하다. 거미는 개미보다 다리가 2개 더 많아서 앞다리를 들어 올려 더듬이처럼 보이게 위장한다.

청자고둥

300종이 넘는 다양한 종류가 있으며, 맹독을 지닌 청자고둥도 있다. 작살 모양의 침으로 독을 발사한다.

껍데기
딱딱한 조개껍데기가 둥글게 말려 있다. 아름다운 색깔과 무늬를 지닌 종류가 많다.

수관
물을 빨아들이거나 내뱉는 관이다. 수관으로 먹잇감의 냄새를 맡는다.

다리
치마처럼 펼쳐진 다리를 물결처럼 움직이며 이동한다.

독이 있는 곳!
평소에는 보이지 않게 입안에 독침을 숨기고 있다.

공격

청자고둥의 생태

산란 — 연분홍색 알주머니

여름이 되면 바위에 납작한 사각형 알주머니를 100개 정도 낳는다. 알주머니 안에는 수천 개의 알이 들어 있다.

알주머니에 알이 가득!

숨기고 있던 독침 발사!

사냥 — 심야의 저격수

청자고둥은 종류에 따라 물고기, 조개, 갯지렁이 등 선호하는 먹이가 다르다. 밤에 사냥을 하며, 먹잇감의 움직임이 활발하지 않을 때 천천히 다가가서 독침을 날린다.

청자고둥의 기본 정보

크 기	4~13㎝
먹 이	물고기, 조개, 갯지렁이
서식 환경	따뜻한 바다

청자고둥의 종류

대보초청자고둥

코브라보다 훨씬 치명적인 신경독을 가지고 있다. 사람이 손으로 만지면 독침을 쏘기도 하며, 치료하지 않으면 목숨을 잃을 수도 있다.

크 기	13cm
서식지	태평양·인도양
증 상	어지럼증·마비

 레벨 5

스트리아투스청자고둥

산호초가 많은 따뜻한 바다에 서식한다. 대보초청자고둥처럼 물고기를 잡아먹기 위한 맹독을 지녔으며, 사람이 독침에 쏘이면 목숨을 잃을 수도 있다.

크 기	13cm
서식지	인도양·홍해·태평양
증 상	어지럼증·마비

 레벨 5

청자고둥

크 기	7cm
서식지	태평양 서부
증 상	어지럼증·마비

레벨 4

바위가 많은 바다의 모랫바닥에 살며, 바다 밑에 사는 물고기를 주로 잡아먹는다. 맹독을 지녔으며 쏘이면 매우 위험하다.

거미줄청자고둥

먹잇감인 조개의 냄새를 수관으로 감지해서 독침으로 마비시킨다. 같은 청자고둥을 잡아먹기도 한다.

레벨 4

크 기	11cm	서식지	인도양·태평양	증 상	어지럼증·마비

궁금한 청자고둥 이야기

호기심 1 청자고둥은 어떻게 독침을 쏠까?

1 청자고둥의 독침을 '치설'이라고 한다. 평소에는 입안에 숨기고 있다.

2 먹잇감을 발견하면 입에서 발사 기관을 내밀어 독침으로 찌른다.

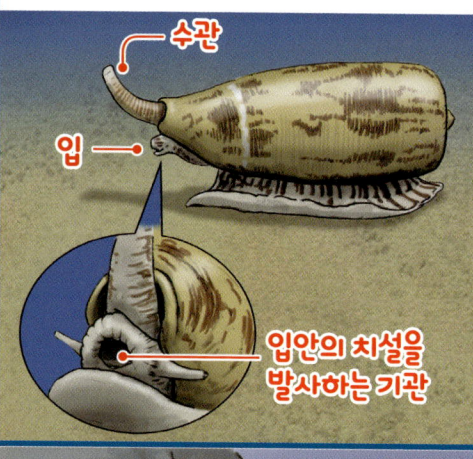

3 독침은 작살 모양으로 생겨서 찔리면 빠지지 않는다. 먹잇감의 몸통에 독침을 발사해 독을 주입한다.

좋아, 명중했어!

호기심  청자고둥은 먹잇감을 어떻게 먹을까?

입으로 먹잇감을 감싼 모습

청자고둥의 입은 먹이를 먹을 때 굉장히 커다랗게 늘어난다. 입을 길고 넓게 펼쳐서 먹잇감을 통째로 감싼다.

스페셜 뉴스: 독이 있는 위험한 식용 조개

▼ 봄철에 조개류를 먹을 때에는 주의해야 한다.

먹을 수 있는 조개라도 양식하는 장소나 시기에 따라 강한 독성을 지니기도 하며, 심각한 식중독을 일으키기도 한다. 먹어도 되는지 잘 모르겠다면 특히 봄철에 바다에서 채취한 조개는 먹지 않는 게 좋다.

전갈

맹독성으로 유명한 전갈이지만 강력한 독을 지닌 종류는 많지 않다. 하지만 사람이 목숨을 잃을 만큼 위험한 전갈도 있다.

독침
꼬리 끝의 침으로 먹잇감의 몸에 독을 주입한다. 독침 아래의 불룩한 곳에 독샘이 있다.

집게발
먹잇감의 몸통을 잡거나 구애 춤을 출 때 암컷의 몸을 붙잡기도 한다.

입
턱의 역할을 하는 '협각'이 있으며, 먹잇감을 갈기갈기 찢을 때 사용한다.

독이 있는 곳!
꼬리 끝에 독침을 지녔다.

전갈의 생태

천적

전갈의 천적 '미어캣'

독이 있어서 천하무적일 것만 같은 전갈에게도 천적은 많다. 특히 미어캣은 전갈의 독이 효과가 없어서 자주 잡아먹힌다.

미어캣에게는 항복!

새끼를 업어 키우다!

양육

새끼를 낳는 전갈

알이 아닌 새끼를 낳는다. 새끼는 맨 처음 탈피할 때까지 어미의 등에서 보호를 받으며 자란다.

전갈의 기본 정보

크 기	1~20cm
먹 이	곤충, 거미, 지렁이
서식 환경	숲속, 사막, 초원 등

전갈의 종류

독은 그다지 강력하지 않지만 주입하는 독의 양이 많으며, 쏘이면 극심한 통증을 일으킨다. 또한 독액을 날려서 공격하기도 하므로 눈에 들어가면 실명할 위험이 있다.

사우스아프리칸틱테일

| 크 기 | 15cm | 서식지 | 아프리카 남동부 | 증 상 | 격통·마비 | 레벨 4 |

데스스토커

전갈 중에 가장 강력한 독을 지녔다. 쏘이면 경련과 호흡 곤란 등의 증상이 나타난다. 최악의 경우에는 목숨을 잃기도 한다.

크 기	10cm
서식지	아프리카 북부·중동
증 상	격통·마비	레벨 5

랑그도크전갈

독의 세기는 서식지에 따라 다르다. 남유럽의 랑그도크전갈은 독성이 그다지 강력하지 않지만 북아프리카의 랑그도크전갈은 치명적인 독을 지녔다.

레벨 4

크 기	6~8cm
서식지	북아프리카·유럽·중동
증 상	어지러움·마비

황제전갈

세계에서 가장 큰 전갈이다. 크기에 비해 독은 그다지 세지 않다. 하지만 커다란 집게발의 힘이 강력해서 물리면 떼어 내기 힘들다.

레벨 2

크 기	20cm
서식지	아프리카
증 상	통증·저림

궁금한 전갈 이야기

호기심 1 전갈은 집게발이 있는데 왜 독침을 사용할까?

1 전갈은 강력해 보이는 집게발이 있지만 집게발에 독을 지니고 있지는 않다.

2 따라서 먹잇감을 사냥할 때는 집게발로 먹잇감을 잡아서 독침으로 찌른다.

3 입의 '협각'이라고 하는 또 다른 집게 턱으로 먹이를 씹어 먹는다.

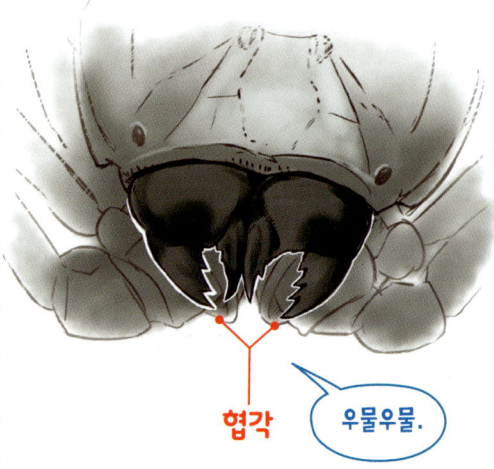

협각 / 우물우물.

4 커다란 집게발은 짝짓기할 때에도 사용한다.

집게발로 서로를 붙잡고 춤을 추지!

호기심 2  일본에도 야생 전갈이 살고 있을까?

전갈은 외국에만 살 것 같지만 사실 일본에도 2종류의 전갈이 서식한다. 2종류 모두 독이 없으며 그다지 위험하지 않다.

얼룩무늬전갈

길고 가는 몸통이 얼룩무늬로 가득해.

드워프우드스콜피온

몸은 작지만 집게발은 커다랗다고!

스페셜 뉴스 — 전갈을 닮은 '식초전갈'

집게발을 벌리고 전갈이 독침을 쏠 때의 자세를 취하고 있다. 그런데 꼬리를 자세히 보니 전갈의 꼬리 모양이 아니다. 이 생물은 전갈과 매우 닮은 '식초전갈'이다. 꼬리를 치켜드는 이유는 몸을 보호하기 위해서다. 독침은 없지만 꼬리의 연결 부위에서 독액을 가스처럼 발사한다. 식초 냄새가 나는 독액이 피부에 묻거나 눈에 들어가면 피부가 부어오르고 눈이 따가워진다.

나도 독을 내뿜는다고.

레벨 업! 독 생물 상식

지독한 독가스를 내뿜는 생물

놀라운 기술 — 악취를 풍기다!

스컹크

적과 마주치면 엉덩이를 적에게 향하고 꼬리를 치켜올려 매우 지독한 냄새를 내뿜는다.

크 기	34~85㎝
서식지	북~남아메리카

증 상	어지럼증·구토

최강 반전 — 방귀가 아니라 독액을 내뿜는다고?

스컹크나 조릴라는 방귀가 아닌 독액을 내뿜는다. 항문 양쪽의 항문샘에서 고약한 냄새를 풍기는 액체를 내뿜는 것이다.

항문 / 항문샘

놀라운 기술 독가스를 뿜다!

조릴라

스컹크와 마찬가지로 지독한 냄새를 풍겨서 몸을 보호한다. 생김새는 스컹크와 비슷하다. 냄새를 풍긴 후에 죽은 척 위장하기도 한다.

레벨 2

크 기 28~38㎝
서식지 아프리카
증 상 어지럼증·구토

스페셜 뉴스 — 지독한 냄새가 나는 '두리안'

동남아시아에서 자라며 '과일의 왕'이라고 불리는 두리안. 강렬한 냄새로 유명한 과일이다. 사실 두리안의 냄새에는 스컹크의 냄새와 비슷한 성분이 섞여 있다는 연구 결과가 최근에 밝혀졌다고 한다. 냄새가 너무 지독해서 공공장소에서는 반입을 금지하기도 한다.

먹는 것은 괜찮아!

응급처치? 독침에 쏘이면 어떻게 해야 할까?

벌이나 개미에 쏘였을 때 위험한 것은 아나필락시스 쇼크다. 쏘여서 아픈 것뿐만 아니라 온몸에 다른 증상이 나타난다면 바로 병원에 가야 한다.

아나필락시스 쇼크의 증상

- 메스껍다. 계속해서 토한다.
- 목소리가 갈라진다. 콜록거린다.
- 숨 쉬기가 힘들다. 호흡 곤란이 일어난다.
- 의식이 흐릿해진다. 축 늘어진다.

벌

독을 지닌 위험한 벌 — 말벌·쌍살벌

1 주변에 벌집이 있다면 조용히 그 자리를 벗어난다.

2 만약 벌에 쏘였다면 쏘인 곳의 독을 짜내면서 물로 잘 씻어 낸다.

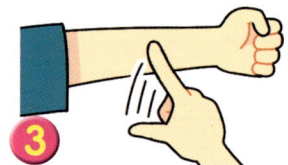
3 꿀벌의 침은 옆으로 털어서 떨어뜨리는 것처럼 빼낸다.

개미

독을 지닌 위험한 개미 — 왕침개미·배검은꼬마개미

1 쏘인 곳을 물로 잘 씻어 낸다.

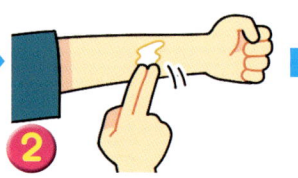
2 벌레 물린 데 바르는 약을 바른다.

3 가렵거나 따가우면 냉찜질을 한다.

청자고둥

독을 지닌 위험한 청자고둥 — 대보초청자고둥·거미줄청자고둥

- 쏘였을 때는 많이 아프지 않아서 알아채지 못할 수도 있다.
- 손발이 저리거나 구토, 어지럼증의 증상이 나타나면 바로 병원에 가야 한다.

③ 조심하라! 독이 묻은 피부와 털을

피부와 털에 독이 있는 생물도 존재한다.
잘 모르고 만졌다가 눈에 보이지 않는
작은 상처를 통해 독이 몸속으로 들어오기도 한다.
어떤 생물을 조심해야 하는지 알아보자.

개구리의 생태

목을 부풀려서 울다!

울음소리 — 암컷을 부르는 소리

번식기가 되면 수컷은 암컷을 부르기 위한 독특한 울음소리를 낸다. 울음소리는 종류에 따라 다르다.

혀를 쭉 내밀어서 날름!

사냥 — 혀로 먹잇감 사냥

먹잇감을 발견하면 입을 벌리고 혀를 길게 내밀어서 잡아먹는다. 혀의 뒷면이 끈적끈적해서 먹잇감이 잘 달라붙는다.

개구리의 기본 정보

크 기	7~320㎜
먹 이	곤충, 작은 생물
서식 환경	숲속, 물가, 습지 등

개구리의 종류

황금독화살개구리

독을 가진 생물 중에 다섯 손가락 안에 들 정도로 치명적인 독을 지녔다. 옛날 현지인들은 피부에서 나오는 독액을 화살에 발라서 사냥에 사용했다고 한다.

- 크 기 4.5~4.7㎝
- 서식지 콜롬비아
- 증 상 어지럼증·마비  레벨 5

딸기독화살개구리

딸기처럼 빨간색이어서 붙여진 이름이지만 녹색이나 파란색 개구리도 있다. 피부에서 맹독을 분비한다.

- 크 기 2~2.4㎝
- 서식지 니카라과~파나마
- 증 상 어지럼증·마비  레벨 4

청독화살개구리

남아메리카 수리남의 좁은 지역에서만 서식하는 희귀한 독화살개구리다. 피부에서 맹독을 분비한다.

- 크 기 4~4.8㎝
- 서식지 수리남  레벨 4
- 증 상 어지럼증·마비

범블비 독화살개구리

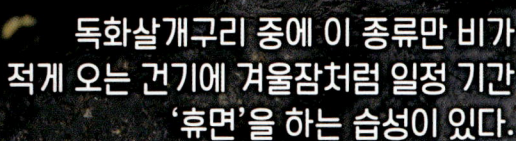

- 크 기: 3~4㎝
- 서식지: 남아메리카 북부
- 증 상: 어지럼증·마비

레벨 4

독화살개구리 중에 이 종류만 비가 적게 오는 건기에 겨울잠처럼 일정 기간 '휴면'을 하는 습성이 있다.

그린앤블랙독화살개구리

서식하는 지역에 따라 몸 색깔과 무늬가 다양하다. 피부에서 나오는 독액으로 사람의 진통제를 만드는 연구가 진행되고 있다.

- 크 기: 3.2~4.2㎝
- 서식지: 니카라과~콜롬비아
- 증 상: 어지럼증·마비

레벨 4

염색독화살개구리

독화살개구리 중에 몸집이 가장 커다랗다. 몸 색깔과 무늬가 다양하다.

- 크 기: 4.5~6㎝
- 서식지: 기아나~브라질
- 증 상: 어지럼증·마비

레벨 4

▲ 양쪽 모두 염색독화살개구리

개구리의 종류

검은다리독화살개구리

매우 치명적인 독을 지녔다. 피부에서 스며 나온 독액이 사람의 몸에 들어가면 심장 마비를 일으켜서 목숨을 잃게 될 수도 있다.

- 크 기: 3.5~4.2cm
- 서식지: 콜롬비아
- 증 상: 어지럼증·마비

레벨 5

코코이개구리

황금독화살개구리 다음으로 강한 독을 지녔다고 알려진 개구리다. 강력한 신경독이어서 아주 적은 양이 몸에 들어가도 심장 마비를 일으킨다.

- 크 기: 3cm
- 서식지: 콜롬비아
- 증 상: 어지럼증·마비

레벨 5

만텔라개구리

발가락 끝에 빨판이 있어서 대나무도 쉽게 기어오른다. 피부에서 따갑고 고약한 독액을 뿜어낸다.

크 기	2.4~3cm	
서식지	마다가스카르 섬	
증 상	어지럼증·마비	

황금개구리

아프리카의 마다가스카르 섬에 사는 만텔라개구리의 일종이다. 화려한 몸 색깔과 피부에서 스며 나오는 맹독이 특징이다.

크 기	2~3.1cm	
서식지	마다가스카르 섬	
증 상	어지럼증·마비	

토마토개구리

적의 공격을 받으면 피부에서 끈적끈적하고 약한 독성이 있는 하얀 액체를 분비한다. 몸의 빨간색은 독이 있으니 조심하라는 경고이다.

크 기	6.5~10cm	
서식지	마다가스카르 섬	
증 상	피부염	

개구리의 종류

줄무늬독개구리

피부에서 분비되는 강력한 독액을 손으로 만지면 손에 통증이 느껴진다. 몸에는 주황색 줄무늬가 있고, 다리에는 주황색 점이 있다.

- 크 기 : 6.8~7.5㎝
- 서식지 : 아프리카 동부~남부
- 증 상 : 통증

페바스스텁풋토드

남아메리카의 정글에 사는 '스텁풋두꺼비'의 일종이다. 서식지에 따라 색깔과 무늬가 다르다. 피부에서 강력한 신경독을 분비한다.

- 크 기 : 2.6~3.2㎝
- 서식지 : 남아메리카 북부
- 증 상 : 어지럼증·마비

범블비워킹토드

적에게 공격을 받으면 몸을 뒤집어서 다리 뒷면의 붉은색을 내보이며 독이 있다고 경고한다. 수컷은 작은 새 같은 울음소리를 낸다.

- 크 기 : 2.5~4㎝
- 서식지 : 브라질~우루과이·아르헨티나
- 증 상 : 통증·피부염

청개구리

피부에 약한 독성이 있어서 청개구리를 만지고 눈을 비비면 빨갛게 충혈되기도 하니 조심해야 한다. 발가락 끝에 끈적끈적하고 둥글한 빨판이 있다.

크 기	3.9~4.5cm
서식지	한국·일본·중국
증 상	눈의 염증

레벨 1

▲ 주변 환경에 따라 몸 색깔이 변한다.

아마존밀크개구리

눈 — 십자 모양의 눈동자를 가지고 있다.

눈이 십자 모양으로 생겼다. 놀라면 독성이 있는 끈끈하고 하얀 액체를 몸에서 분비해서 '밀크개구리'라는 이름이 붙여졌다.

크 기	6~10cm
서식지	남아메리카 북부
증 상	피부염

레벨 2

스페셜 뉴스 — 화려하지만 독이 없는 '빨간눈청개구리'

새빨간 눈, 주황색 발가락, 다리 안쪽과 겨드랑이는 파랗고 노란색을 띠고 있다. 적과 마주치면 이처럼 화려한 색의 몸을 보여 주고, 적이 움찔하는 순간을 틈타서 도망친다. 생김새는 화려하지만 독이 없는 개구리다.

△ 눈꺼풀이 금색 그물망 모양이다.

궁금한 개구리 이야기

호기심 1 개구리는 왜 독을 지녔을까?
올챙이에도 독이 있을까?

① 개구리는 비늘도 없고 털도 나지 않는다. 미끈미끈한 피부를 그대로 드러내고 있는 셈이다. 개구리 대부분이 피부에 약한 독성을 띠고 있는 이유는 공기 중의 곰팡이나 세균으로부터 피부를 보호하기 위해서다.

② 또한 강한 독을 지닌 개구리는 잡아먹은 먹이의 독까지 몸에 축적해 둔다.

③ 물에서 생활하며, 독이 있는 벌레도 먹지 않는 올챙이는 대부분 독을 가지고 있지 않다.

호기심 2 독 개구리를 만지려면 어떻게 해야 할까?

① 청개구리는 손으로 만져도 되지만 만졌던 손으로 눈이나 입을 문지르면 안 된다. 청개구리를 만진 다음에는 반드시 손을 씻어야 한다.

② 두꺼비는 손으로 직접 만지지 않는 것이 좋다. 얇은 비닐장갑을 끼고 만지도록 하자.

사람이 만지면 내 몸이 뜨거워져.

사람은 체온이 높아서 너무 뜨거우니 만지지 말아 줘.

호기심 3 개구리의 피부는 왜 미끈거릴까?

공기

피부가 마르면 숨쉬기가 힘들거든.

배로 물을 흡수하고 있어.

물

개구리는 코와 입뿐만 아니라 피부로도 공기를 흡수해서 숨을 쉰다. 몸의 표면이 축축하면 공기를 흡수하기 쉽기 때문에 개구리의 피부는 항상 습기로 미끈거린다. 배 쪽 피부로 물을 흡수하기도 한다.

호기심 4 독 개구리를 먹으면 어떻게 될까?

1 먹을 수 있는 식용 개구리와 먹지 못하는 개구리가 있다. 식용 개구리는 닭고기와 생선의 중간 정도의 맛이라고 한다.

2 식용 개구리는 주로 크고 근육이 발달한 뒷다리를 먹는다.

유럽참개구리

범무늬개구리

황소개구리

3 독성이 강한 독화살개구리나 수수두꺼비 등을 먹으면 목숨이 위험해진다.

독화살개구리

날 먹으면 죽을지도 몰라!

수수두꺼비

4 하지만 일부러 독 개구리를 먹어서 그 독을 이용하는 생물도 있다.

독을 지닌 두꺼비가 제일 좋아!

크헉!

독사인 '유혈목이'는 두꺼비를 잡아먹고 그 독을 몸에 축적해 두었다가 자신의 몸을 보호하는 데 사용한다.

호기심 5 피부에 독을 지닌 개구리끼리 부딪치면 어떻게 될까?

자신의 피부를 만진 개구리가 독 때문에 죽게 된다면 맹독을 지닌 개구리는 1마리도 살아남을 수 없을 것이다. 자신과 같은 종류의 독은 해를 주지 않는다. 따라서 같은 독성을 지닌 개구리라면 서로 부딪쳐도 괜찮다.

스페셜 뉴스  세균을 막아 주는 개구리의 독

아프리카발톱개구리의 피부에서 질병의 원인이 되는 세균과 곰팡이, 바이러스를 파괴하여 개구리가 질병에 감염되지 않게 하는 성분이 발견되었다. 이 성분은 세균을 무찌르는 의약품과 곰팡이를 방지하는 약으로 만들어져서 사람들에게 도움을 주고 있다.
다른 개구리에서도 같은 작용을 하는 성분이 발견되었다고 한다.

나는 사람에게 도움을 주는 아프리카 발톱개구리야.

레벨 업! 독 생물 상식

필살기를 사용하는 독 개구리

놀라운 기술 맹독을 내뿜다!

수수두꺼비

적으로부터 몸을 보호하기 위해 맹독의 하얀 액체를 분비한다. 독이 사람의 눈에 들어가면 실명할 위험이 있으며, 이 두꺼비를 잡아먹은 생물은 목숨을 잃을 수도 있다. 자신보다 몇 배나 큰 뱀도 잡아먹는다.

레벨 업! 독 생물 상식

산파개구리

위험을 느끼면 등의 돌기에서 하얀 독액을 분비한다. 수컷은 알을 뒷다리에 붙이고 이동하며, 독으로 자신의 몸과 알을 보호한다.

놀라운 기술 – 알을 보호하다!

레벨 1

| 크 기 | 4.5~5.5cm | 서식지 | 유럽 남서부 | 증 상 | 지독한 냄새·피부염 |

최강 반전 – 수컷이 새끼를 보살핀다고?

① '산파'란 출산을 돕는 사람을 뜻한다. 수컷이 암컷이 낳은 알을 지켜 줘서 '산파개구리'라는 이름이 붙여졌다.

알을 지키는 수컷 / 알을 낳는 암컷

② 수컷은 뒷다리에 알을 붙이고 1개월 동안 보호한다.

알이 마르지 않도록 신경을 써야 해.

모충

나비와 나방이 어른벌레가 되기 전의 단계이다. 모충은 대부분 독이 없지만 털에 찔리면 목숨이 위험해지는 종류도 있다.

긴 털
긴 털에는 독성이 없다. 감각 기관의 역할을 한다.

독 털
긴 털 사이에 매우 짧고 가는 털이 있으며 이 털에 독성이 있다.

독이 있는 곳!
짧고 가는 '독 털'이나 길고 굵은 '독 가시'로 몸을 보호한다.

 수비

몸 색깔
화려한 색깔로 주변 생물에게 독이 있다는 경고를 보낸다.

모충의 생태

먹이 — 주식은 잎사귀

주요 먹이는 식물의 잎사귀다. 모충의 종류에 따라 주식으로 먹는 잎사귀가 정해져 있지만 여러 가지 잎사귀를 먹는 모충도 있다.

잎사귀를 맛있게 냠냠!

모충

완전히 달라진 모습!

고치(번데기)

성장한 모충

완전변태 — 탈피를 통해 번데기로 변신

나비와 나방은 어른벌레가 되기까지 여러 번의 탈피를 거듭하며 번데기로 변신한다. 고치를 짓는 종류도 많다.

모충의 기본 정보

크 기	1~5㎝
먹 이	식물의 잎사귀, 이끼
서식 환경	숲속, 정원, 공원 등

모충의 종류

크 기	5cm
서식지	남아메리카
증 상	전신 출혈 레벨 5

노랑쐐기나방 모충

감나무나 매화나무에서 볼 수 있는 모충이다. 독 가시에 찔리면 전기가 통하는 것처럼 강렬한 통증이 느껴진다.

크 기	2.5cm
서식지	한국·일본·중국
증 상	격통·부어오름

레벨 2

전 세계의 모충 중에 가장 강력한 독을 지녔다. 독 가시에 찔리면 피가 멈추지 않으며, 바로 치료하지 않으면 목숨이 위험해진다.

로노미아오블리큐아 모충

크 기	4㎝
서식지	북아메리카 남부~중앙아메리카
증 상	격통·구토·발열

레벨 3

플란넬나방 모충

복슬복슬한 털을 쓰다듬고 싶어지지만 털 밑에 있는 독 가시에 찔리면 심한 통증에 시달리며 호흡 곤란을 일으키기도 한다.

차독나방 모충

동백나무나 귤나무 등에 살며, 주변에서 쉽게 볼 수 있어서 사람이 가장 많이 쏘이기도 한다. 어른벌레는 독이 묻은 털을 흩뿌리며 날아다닌다.

크 기	2.5㎝
서식지	한국·일본·중국·대만
증 상	피부염·두통·발열

레벨 2

크 기	2.5㎝
서식지	한국·일본·중국·유럽
증 상	격통·피부염

레벨 2

독 털에 찔리면 지독한 통증과 심한 가려움에 시달린다. 어른벌레도 털에 독성을 지니고 있다.

흰독나방 모충

궁금한 모충 이야기

호기심 1 독을 지닌 모충은 독나방으로 자랄까?

1 독을 지닌 모충은 두 가지 유형으로 나뉜다. 빠지지 않는 '독 가시'를 가진 모충과 빠지기 쉬운 '독 털'을 가진 모충이다.

독 가시(길고 굵다)
독 털(짧고 가늘다)

2 독 가시는 어른벌레가 되면 없어진다. 따라서 독 가시를 가진 모충이 탈바꿈하면 독이 없는 어른벌레가 된다.

어른이 되면 독이 없어져.

3 독 털을 가진 모충은 어른벌레가 되어서도 대부분 독을 가지고 있다. 차독나방의 모충은 번데기로 변하면서 독 털을 고치와 번데기에 잔뜩 붙여 놓는다. 번데기에서 탈바꿈한 어른벌레도 번데기에 붙어 있던 털을 다시 자신의 몸에 옮겨 붙인다. 알을 낳으면 알 주변에도 털을 붙여 놓는다.

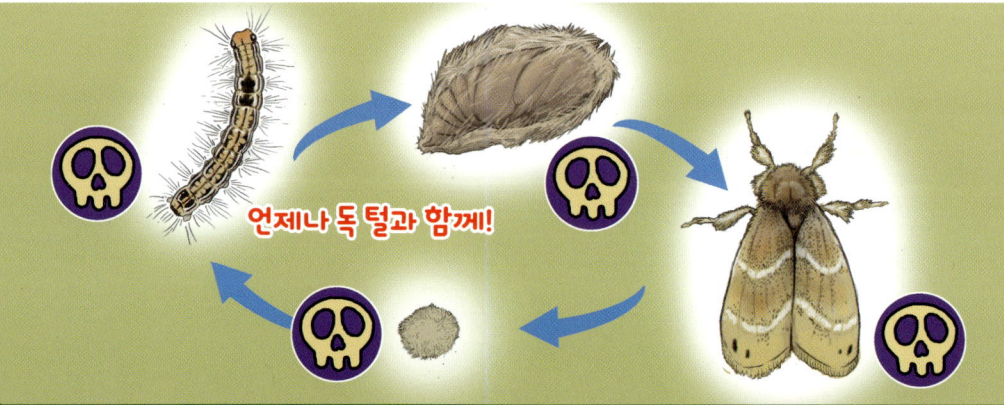

언제나 독 털과 함께!

호기심 2 털이 없는 애벌레는 독이 없을까?

1 독 가시나 독 털이 있는 모충 외에도 독이 없는 모충과 털이 없는 매끈한 몸통의 애벌레도 있다.

독이 없는 모충 / 밤나무산누에나방 / 독이 있는 모충 / 솔나방 / 호랑나비 / 털이 없는 애벌레

2 재주나방과의 애벌레는 털이 없고 매끈하지만 가슴에서 독액을 분비한다.

독이 나오니 조심해!

▲상대방을 위협하는 자세를 취한다. 상대방이 물러나지 않으면 독으로 공격한다.

스페셜 뉴스  독을 지닌 모충도 여러 가지

세계에는 30만 종이 넘는 나비와 나방이 살고 있으며, 애벌레의 색깔과 모양도 다양하다.

▲밤나방과 모충

▲사과독나방 모충

▲쐐기나방과 모충

▲자나방과 모충

영원

물에 사는 양서류다. 공격하기 위해 독을 사용하지 않으며, 사람에게 해를 끼치지 않는다. 몇몇 종류는 맹독을 지녔다.

눈
대부분은 눈꺼풀이 없으며 투명한 막으로 덮여 있다.

꼬리
세로로 납작하고 길어서 물속에서 헤엄치기에 편리하다.

피부
피부에서 끈적끈적한 액체가 스며 나와 항상 축축하게 젖어 있다.

독이 있는 곳!
피부와 눈 뒤쪽의 혹에서 독이 나온다.

수비

발가락
앞발에 4개, 뒷발에 5개의 발가락을 지닌 종류가 많다. 영원은 대부분 물갈퀴와 발톱이 없다.

영원의 생태

아가미로 호흡하는 새끼

폐로 호흡하는 성체

변신 아가미에서 폐로 호흡

영원의 새끼는 물속에서 생활하므로 목에 아가미가 있다. 성체(다 자라 생식 능력이 있는 동물)가 되면 아가미가 없어진다.

말끔히 사라지는 아가미!

독이 있으니 조심!

위협 화려한 색으로 경고

배 쪽이 주로 선명한 빨강이거나 주황색이다. 위험한 상황에 빠지면 몸을 뒤집고 꼬리를 흔들어서 화려한 색을 보여 준다. 독이 있다는 걸 알려서 몸을 보호한다.

영원의 기본 정보

크 기	5~200㎝
먹 이	곤충, 지렁이, 물고기
서식 환경	습지, 연못, 강

영원의 종류

불도롱뇽

피부와 눈 뒤쪽의 혹에서 독액을 내뿜는다. 맹독성이며 독이 몸에 들어가면 근육이 마비되는 등 매우 위험하다.

| 크 기 | 15~25㎝ | 서식지 | 유럽 | 증 상 | 어지럼증·마비 | 레벨 3 |

일본얼룩배영원

일본에서 흔히 발견되는 종류로, 독을 지녔지만 독성이 매우 약해서 사람의 목숨을 위협하지는 않는다. 다만 독이 묻은 손으로 눈을 문지르면 염증을 일으킨다.

크 기	8~14㎝
서식지	일본
증 상	눈의 염증

레벨 1

캘리포니아영원

피부에서 신경독을 분비해서 몸을 보호한다. 하지만 가터뱀에는 독이 통하지 않아서 잡아먹히기도 한다.

크 기	13~23㎝
서식지	미국의 캘리포니아주
증 상	어지럼증·마비

레벨 5

꼬리 끝이 칼처럼 날카롭다고 해서 '칼꼬리'라는 이름이 붙여졌다. 피부에는 복어와 같은 독성분인 '테트로도톡신'이 있으며, 독의 양은 사는 곳에 따라 다르다.

크 기	12~18㎝
서식지	일본
증 상	눈의 염증·마비

 레벨 2

칼꼬리영원

붉은점영원

완전히 자라면 검은색이 되지만 성체가 되기 전까지는 선명한 주황색을 띤다. 몸의 화려한 색은 독이 있다는 경고이다.

크 기	7~14㎝
서식지	북아메리카 동부
증 상	어지럼증·마비

 레벨 3

닮았지만, 독이 없는 생물

빨간도롱뇽

독을 지닌 붉은점영원과 몸 색깔이 똑같다. 독은 없지만 적에게 독이 있는 것처럼 보이게 해서 몸을 보호한다.

| 크 기 | 10~18㎝ | 서식지 | 북아메리카 동부 |

궁금한 영원 이야기

호기심 1 생김새가 비슷한 영원과 도마뱀붙이는 어떻게 다를까?

1 영원과 도마뱀붙이는 생김새가 매우 비슷하다. 하지만 영원은 물가에 살며, 우물 근처에서 볼 수 있는 양서류다. 도마뱀붙이는 육지에 살며, 주로 집 벽에 달라붙어 있는 파충류다.

난 우물 근처에서 살아! 영원

도마뱀붙이

난 집 벽에 달라붙어 있지!

영원은 양서류야.

도마뱀붙이는 파충류야.

2 자세히 보면 영원의 눈은 동그랗다. 도마뱀붙이의 눈은 밝은 곳에서는 세로로 길쭉해진다.

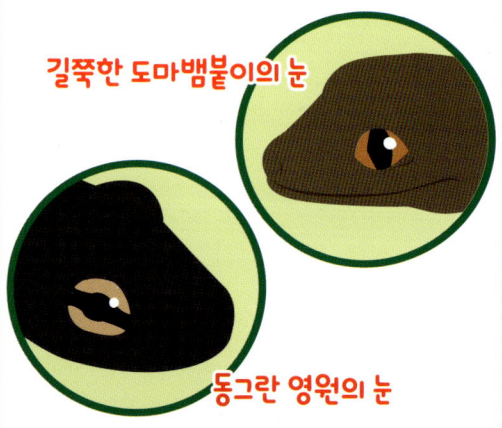

길쭉한 도마뱀붙이의 눈

동그란 영원의 눈

3 영원은 젤리 같은 알을 물속에 낳는다. 도마뱀붙이는 껍데기가 딱딱한 알을 땅 위에 낳는다.

영원의 알

도마뱀붙이의 알

호기심 2 영원의 새끼는 올챙이와 비슷할까?

1 영원은 개구리와 똑같은 양서류이므로 성체로 성장하기 전에는 올챙이와 비슷한 모습을 하고 있다. 매우 약하지만 독을 지녔다.

특이하게 생긴 아가미가 달렸어.

2 점점 자라면서 아가미가 작아지고 다리가 생긴다.

다리가 생겼어!

스페셜 뉴스 — 영원으로 만든 마법 가루

지금으로부터 수백 년 전, 일본의 에도 시대에는 검게 태운 영원을 약으로 만들어서 팔기도 했다. 검게 태운 영원 가루가 사랑을 이루어 주는 묘약이라고 믿었다고 한다.

검게 태운 영원 가루는 사랑의 묘약!

레벨 업! 독 생물 상식

독을 지닌 위험한 새

놀라운 기술 독을 사용하다!

두건피토휘

적으로부터 몸을 보호하기 위해 깃털과 근육에 맹독을 지녔다. 잡아먹는 벌레의 독을 몸속에 축적해서 독을 얻는다고 한다.

| 크 기 | 22~23cm | 서식지 | 뉴기니 섬 |
| 증 상 | 저림·마비 | 레벨 | 5 |

그것이 궁금하다! 독을 지닌 새를 어떻게 발견했을까?

1 1990년, 뉴기니의 숲을 조사하던 연구원이 새 한 마리를 잡다가 부리에 쪼이고 말았다.

아얏!

2 연구원이 상처를 핥자, 입안이 따가워지면서 마비되는 느낌이 들었다. 더구나 깃털을 혀에 갖다 댔더니 재채기가 나오고 입과 코안이 화끈거리며 감각이 사라졌다.

앗, 따가워.

혹시 독인가?

이 새를 자세히 조사해 본 결과, 세계에서 처음으로 '독을 지닌 새'를 발견했다는 사실을 알게 되었다. 그 이후로 이와 비슷한 종류의 새들이 독을 지녔다는 사실이 밝혀졌다.

응급처치? 독이 묻은 피부나 털을 만지면 어떻게 해야 할까?

손에 독액이 묻었을지 모른다면, 몸을 여기저기 만지거나 눈을 비벼서는 안 된다. 가장 먼저 손을 깨끗이 씻어야 한다.

개구리

독을 지닌 위험한 개구리 — 딸기독화살개구리 · 수수두꺼비 등

1. 독액이 닿은 손을 깨끗이 씻는다.

2. 눈이나 입에 독액이 들어가서 통증이 있다면 깨끗하게 닦아 낸다.

3. 눈이나 입의 통증이 사라지지 않는다면 병원에 간다.

모충

독을 지닌 위험한 모충 — 차독나방 · 노랑쐐기나방 등의 모충

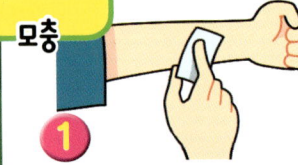
1. 접착테이프 등으로 독 털을 떼어 낸 다음, 물로 씻어 낸다.

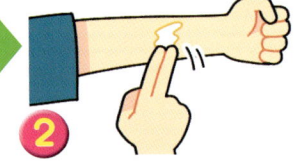
2. 벌레 물린 데 바르는 약을 바른다.

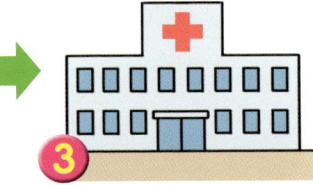
3. 피부가 빨갛게 부어오르거나 울긋불긋해져서 가려움이 심해진다면 병원에 가야 한다.

영원

독을 지닌 위험한 영원 — 일본얼룩배영원 · 칼꼬리영원 등

- 영원을 만진 손으로 눈이나 입을 문지르지 않아야 한다.
- 만진 손은 바로 깨끗이 씻는다.
- 눈이나 입에 독이 들어갔다면 물로 깨끗이 씻어 낸다.

4 조심하라! 독 가시와 발톱을

바다에는 독 가시를 가진 다양한 생물들이 살고 있다. 자신도 모르게 만지거나 밟으면 위험하니 조심해야 한다. 또한 독액이 나오는 발톱을 가진 포유류도 존재하는데, 어떤 생물들이 있는지 알아보자.

오리너구리

독을 지닌 포유류는 매우 드물지만, 원시적인 포유류인 오리너구리는 독을 지녔다.

주둥이
오리처럼 생긴 주둥이로 진흙 속의 가재 등을 쉽게 잡아먹는다.

발
앞발과 뒷발의 발가락 사이에 발달한 물갈퀴로 물속에서 능숙하게 헤엄쳐 다닌다.

독이 있는 곳!
수컷의 발뒤꿈치에 있는 며느리발톱에서 독액이 나온다.

며느리발톱
수컷의 발뒤꿈치에 독액이 나오는 며느리발톱이 있다.

오리너구리의 생태

가재를 꿀꺽!

사냥 — 주둥이로 탐색

오리너구리는 주둥이로 먹잇감이 어디에 있는지 찾아낸다. 주둥이를 이용해 물속의 먹잇감을 찾은 뒤, 잡아먹는다.

미로 같은 집을 짓다!

서식지 — 새끼를 위한 집

연못이나 강가에 터널처럼 기다란 굴을 파서 새끼를 키우기 위한 집을 짓는다. 굴은 미로처럼 여러 갈래로 갈라지며 그 길이가 무려 20m에 이르기도 한다.

오리너구리의 기본 정보

크 기	39~60cm
먹 이	새우, 게, 곤충, 조개
서식 환경	오스트레일리아의 물가

궁금한 오리너구리 이야기

호기심 1 오리처럼 생긴 주둥이가 있는데 혹시 새가 아닐까?

① 오리너구리는 '오리주둥이'라고도 불린다. 그럴듯한 모양의 주둥이는 꼭 새와 닮았다.

② 또한 오리너구리의 새끼는 알에서 태어난다.

③ 알에서 태어나지만, 엄마 젖을 먹고 자라는 포유류이다.

배의 피부에서 젖이 스며 나와!

④ 특이한 생김새 때문에 유럽에 처음 알려졌을 때는 실존하는 생물인지 의심을 받았다고 한다.

주둥이는 오리인데.

꼬리는 비버잖아?

누가 장난친 게 아닐까?

호기심 2 오리너구리는 언제 독을 사용할까?

① 오리너구리는 수컷만 독을 지니고 있다. 또한 번식기에는 독의 양이 늘어난다.

② 따라서 암컷 주위를 맴도는 수컷끼리 다툼을 벌일 때 독을 사용한다고 알려졌다.

※ 한쪽이 독으로 움직이지 못할 때까지 싸운다.

호기심 3 어디에서나 쉽게 오리너구리를 만날 수 있을까?

▲ 박제된 오리너구리

오리너구리는 동물원에서도 사육하기 매우 까다로워서 서식지인 오스트레일리아를 벗어나는 일은 거의 드물다고 한다. 따라서 우리나라에서도 살아 있는 오리너구리를 만날 수는 없다.

가오리

바다 밑 생활에 알맞은 납작한 몸통을 가졌다. 등지느러미가 변해서 생긴 가시에서 독을 내뿜는 가오리도 있다.

몸통
가슴지느러미가 커다랗고, 머리와 몸통이 붙어 있는 납작한 형태의 몸통을 지녔다.

눈
눈 주변이 튀어나와서 모래에 파묻혀 있을 때도 주변을 살필 수 있다.

꼬리
몸의 일부분이 길게 튀어나와서 가늘고 긴 꼬리가 되었다. 꼬리에는 등지느러미가 변해서 생긴 가시가 돋아 있다.

독이 있는 곳!
꼬리 가운데 부분에 독 가시가 돋아 있다.

 수비

가오리의 생태

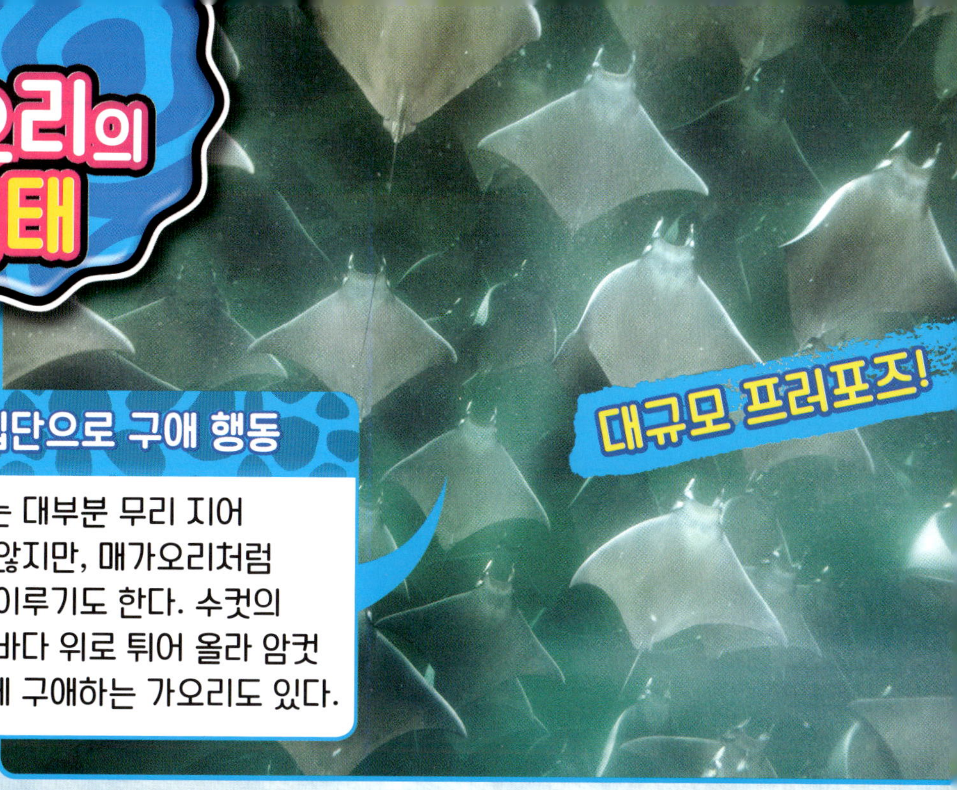

대규모 프러포즈!

무리 | 집단으로 구애 행동

가오리는 대부분 무리 지어 다니지 않지만, 매가오리처럼 무리를 이루기도 한다. 수컷의 무리가 바다 위로 튀어 올라 암컷 무리에게 구애하는 가오리도 있다.

먹이도 제각각!

먹이 | 가오리의 종류

가오리는 2종류로 나뉜다. 항상 바다 밑바닥에 머무는 가오리는 모래 속 생물을 잡아먹고, 항상 헤엄치며 이동하는 가오리는 플랑크톤을 잡아먹는다.

가오리의 기본 정보

크 기	30~800㎝(폭)
먹 이	작은 물고기, 플랑크톤 등
서식 환경	바다

가오리의 종류

노랑가오리

얕은 바다의 모랫바닥에서 흔히 볼 수 있지만, 맹독을 지닌 매우 위험한 물고기이다. 꼬리의 가시에 찔리면 극심한 통증에 시달리며 최악의 상황에는 목숨을 잃기도 한다.

- 크기: 88cm
- 증상: 격통·구토·마비
- 서식지: 한국·일본·중국
- 레벨 5

꽁지가오리

산호초에 사는 아름다운 가오리이다. 꼬리에는 독 가시가 있어서 만지면 위험하다.

- 크기: 35cm
- 서식지: 태평양 서부·인도양
- 증상: 격통·발열
- 레벨 3

바위가 많은 바다나 산호초에 사는 가오리이다. 잠수부에게 인기가 많지만, 자극하면 독 가시로 공격한다.

- **크 기** 1.8m
- **서식지** 태평양 서부·인도양
- **증 상** 격통·발열·마비

블라치드팬테일레이

얼룩매가오리

항상 바닷속을 헤엄쳐 다닌다. 여러 마리가 모여서 커다란 무리를 이루기도 한다. 꼬리에 독 가시가 있다.

- **크 기** 2m
- **서식지** 태평양·인도양
- **증 상** 격통·구토

쥐가오리

바닷속을 날아다니듯이 헤엄치며 플랑크톤을 먹는다. 꼬리에는 독 가시가 있다. 몸통은 커다랗지만 가시는 작고, 독성이 강하지는 않다.

- **크 기** 3m
- **증 상** 격통·구토
- **서식지** 태평양·인도양·대서양의 열대 지역

궁금한 가오리 이야기

호기심 1 가오리의 가시는 매우 위험하다고 하는데 왜 그럴까?

1 가오리의 가시는 매우 날카로워서 장화를 뚫고 찌르는 것도 가능하다.

2 노랑가오리는 얕은 바다의 모랫바닥에 자주 나타난다. 좀처럼 움직이지 않아서 알아채기 어려워 사람이 자주 쏘이기도 한다.

3 가시를 자세히 들여다보면 가장자리가 톱니처럼 뾰족해서 한번 찔리면 쉽게 빠지지 않는다.

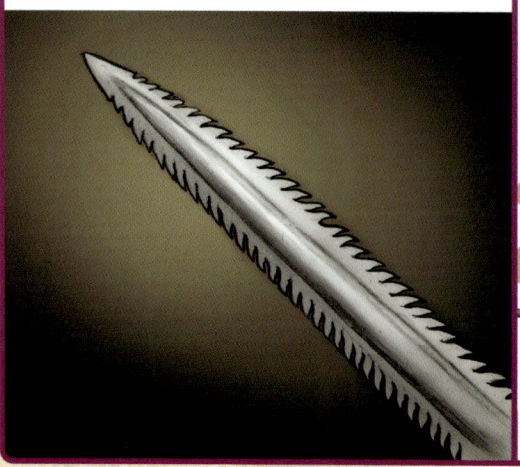

4 옛날에는 노랑가오리의 가시를 무기에 매달아서 사용했다고 한다.

호기심 2 가오리의 얼굴은 어디일까?

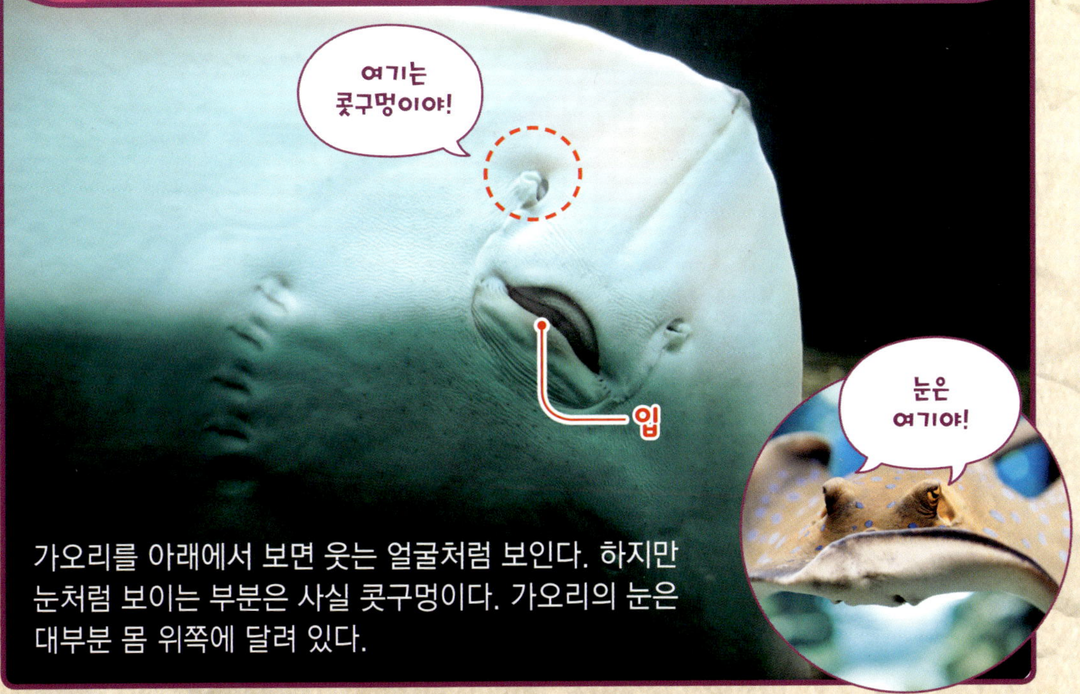

여기는 콧구멍이야!

입

눈은 여기야!

가오리를 아래에서 보면 웃는 얼굴처럼 보인다. 하지만 눈처럼 보이는 부분은 사실 콧구멍이다. 가오리의 눈은 대부분 몸 위쪽에 달려 있다.

스페셜 뉴스 — 강에 사는 독 가오리의 정체

남아메리카나 동남아시아의 강에는 담수에 사는 가오리가 있다. 담수란, 바닷물처럼 소금이 섞이지 않은 물을 말한다. 바다에 사는 가오리처럼 독 가시를 지니고 있다고 한다.

▲ 남아메리카 아마존 강의 지류에 사는 '레오폴디'의 독은 상당히 치명적이라고 알려졌다.

쏨뱅이목 물고기

쏨뱅이목 물고기에는 헤엄쳐 다니는 것과 바다 밑바닥에서 움직이지 않는 것이 있다. 모두 맹독을 지녔다.

등지느러미
등지느러미에 가시가 있으며 이 가시에서 독이 나온다.

몸 색깔
빨간색 줄무늬로 독이 있으니 조심하라고 경고한다.

가슴지느러미
커다란 가슴지느러미가 마치 리본처럼 펄럭인다.

독이 있는 곳!
등지느러미와 가슴지느러미에 독 가시가 있다.

공격 수비

쏨뱅이목 물고기의 생태

사냥 — 순식간에 꿀꺽

쏨뱅이는 바닷속 바위인 척 위장하고 꼼짝도 하지 않는다. 물고기가 가까이 다가오면 순식간에 물어 삼킨다.

바위로 위장하다!

우아하게 헤엄치다!

사냥 — 특별한 사냥법

쏠배감펭은 산호초 주변을 떠다니며 먹잇감인 물고기를 노린다. 특히 커다란 가슴지느러미로 작은 물고기를 바위 쪽으로 몰아서 잡아먹는다.

쏨뱅이목 물고기의 기본 정보

크 기	15~30㎝
먹 이	플랑크톤, 작은 물고기, 갑각류
서식 환경	따뜻한 바다

쏨뱅이목 물고기의 종류

점쏠배감펭

산호초에 사는 아름다운 물고기이다. 등지느러미 가시에 강력한 독을 지녔으며, 찔리면 몹시 아프다.

- 크 기 29㎝
- 서식지 태평양·인도양
- 증 상 격통·마비

쏠배감펭

등지느러미 가시에 찔리면 심할 때는 손발이 마비되며 호흡 곤란을 일으킨다.

- 크 기 20㎝
- 서식지 한국·일본·인도양
- 증 상 격통·마비

지브라라이언피쉬

쏠배감펭류 물고기 중에 가장 치명적인 독을 지녔다. 가시에 찔리면 극심한 통증이 몇 시간 동안 지속된다.

- 크 기 18~20㎝
- 서식지 태평양·인도양·남아프리카
- 증 상 격통·부어오름

점지느러미쏠배감펭

다른 쏠배감펭처럼 등지느러미 가시에 독을 지녔다. 위험을 느끼면 지느러미를 펼쳐서 위협한다.

- 크 기: 15㎝
- 서식지: 일본의 오가사와라제도·인도양
- 증 상: 격통·부어오름

 레벨 3

쑥감펭

바다 밑바닥에 서식한다. 바위와 비슷하게 생겨서 모르고 밟았다가 가시에 찔리는 일이 많다. 등지느러미뿐만 아니라 다른 지느러미에도 독을 지녔다.

- 크 기: 19㎝
- 서식지: 태평양 서부·인도양
- 증 상: 격통·마비

 레벨 4

스톤피쉬

독 가시를 가진 물고기 중에 가장 강력한 독을 지녔다. 바위와 똑같이 생겨서 알아채지 못하고 밟으면 독 가시에 찔려서 목숨을 잃을 수도 있다.

- 크 기: 30㎝
- 서식지: 태평양 서부·인도양
- 증 상: 격통·마비

 레벨 5

궁금한 쏨뱅이목 물고기 이야기

호기심 1 쏨뱅이목 물고기 낚시가 인기라고? 독이 있다는데 괜찮을까?

1 쏨뱅이목 중 낚시의 대상이 되는 종류는 주로 3가지이다. 식용으로 팔리기도 한다.

2 쑥감펭이나 쑤기미는 지느러미의 가시에 독이 있다. 잡을 때는 가시에 조심해야 한다.

3 식용으로 사용할 때는 독이 있는 부분을 모두 제거한 후에 요리하므로 먹어도 문제없다.

아직 독이 있으니 조심해서 잘라 내야 해!

4 쏠배감펭도 독이 있는 부분을 잘라 내면 먹을 수 있지만, 식용으로 널리 이용되지는 않는다.

애완용으로 인기가 많아.

호기심 2 같은 무리끼리 독을 사용해서 싸우기도 한다고?

① 지브라라이언피쉬의 수컷은 암컷을 사이에 두고 싸움을 벌이기도 한다. 먼저 지느러미와 아가미를 넓게 펼치고 서로 대치한다. 결판이 나지 않으면 등지느러미의 독가시로 공격한다.

② 쏨뱅이의 독은 같은 종류끼리도 해를 입히므로 가시에 찔리면 약 2주간 움직이지 못한다. 싸우다 가시가 부러지는 일도 있다고 한다.

스페셜 뉴스 — 힘을 모아 사냥하는 쏠배감펭

쏠배감펭류는 물고기 중에는 드물게 무리 지어 먹잇감을 사냥한다. 지느러미를 펄럭이는 신호를 보내 동료를 모아 다 함께 작은 물고기를 에워싼다.

레벨 업! 독 생물 상식

필살기를 사용하는 독 물고기

포크테일블레니

산호초가 많은 바다에서 사는 아름다운 물고기이다. 날카로운 독니를 지녔지만, 주로 플랑크톤을 먹는다. 사냥할 때도 독니를 사용하지는 않는다.

놀라운 기술 — 독니를 뽐내다!

- 크 기: 10cm
- 서식지: 태평양 서부·인도양
- 증 상: 통증  레벨 2

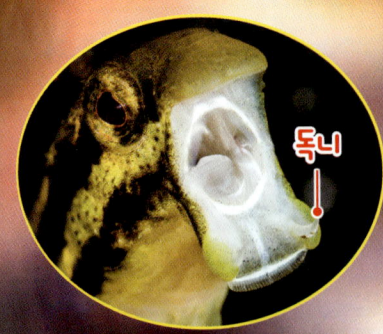
▲줄무늬독니베도라치의 독니

레벨 업! 독 생물 상식

독가시치

바다낚시에서 자주 잡히는 물고기이지만, 등·가슴·꼬리 등 몸 전체 지느러미에 독을 지녔다. 쏘이면 강렬한 통증이 몰려온다.

놀라운 기술 **찌르기 공격!**

| 크 기 | 25㎝ | 서식지 | 태평양 서부 | 증 상 | 격통·마비 | 레벨 3 |

최강 반전 독 물고기를 다루는 도구가 따로 있다고?

① 독가시치는 낚시꾼에게 인기가 많은 물고기이다. 독 지느러미를 제거하는 전용 가위로 건져 올린다.

② 독가시치를 요리할 때는 독 지느러미를 가위로 완전히 제거해야 한다.

독 지느러미를 없애면 안전하지.

쏠종개

메기와 비슷하게 생겼으며 등과 가슴지느러미에 독 가시가 있다. 쉽게 잡히는 어종이다.

크 기	25㎝
서식지	태평양 서부·인도양
증 상	격통·마비

레벨 3

놀라운 기술 — 함께 피하다!

최강 반전 모여 다니는 건 어린 시절뿐이라고?

1. 쏠종개 유어(새끼 물고기)는 다 같이 무리 지어 이동한다.
   "가까이 오지 마!"

2. 성어(어른 물고기)가 되면 따로 떨어져서 행동하며, 낮에는 바위틈에 들어가 휴식을 취한다. 독으로 몸을 보호한다.
   "성어가 되니 줄무늬가 연해졌지?"

성게와 불가사리

바다에는 독을 가진 생물들이 많이 살고 있는데, 성게와 불가사리도 그중 하나이다.

가시
몸을 보호하기 위한 가시가 잔뜩 나 있다. 가시의 수와 길이는 종류에 따라 다르다.

항문
몸통 중앙에 있으며, 항문으로 배설물을 내보낸다.

입
몸통 아래쪽에 입이 있다. 입에는 5개의 이빨이 있으며, 먹잇감 위로 올라가서 갉아 먹는다.

독이 있는 곳!
가시에서 독이 나온다.

공격 / 수비

성게와 불가사리의 생태

이동 관족과 가시로 이동

가시 사이에 '관족'이라고 하는 다리가 있으며, 몸 안쪽과 연결되어 있다. 관족과 가시를 이용해서 조금씩 움직인다.

조금씩 영차 영차!

죽은 생물도 냠냠!

먹이 불가사리의 식사법

육식 동물로 죽은 생물도 먹어 치운다. 위를 몸 바깥으로 꺼내서 먹이를 먹은 뒤, 다시 몸속으로 위를 집어넣는다.

성게와 불가사리의 기본 정보

크 기	2~600㎜
먹 이	플랑크톤, 해조류, 죽은 생물
서식 환경	바다

163

성게와 불가사리의 종류

30cm나 되는 기다란 가시에는 독이 있으며, 찔리면 굉장히 아프다. 가시가 쉽게 부러져서 몸에 박히기도 한다.

크 기	5~9㎝(몸통의 폭)
서식지	태평양·인도양
증 상	격통·마비

 레벨 4

긴가시성게

독쿠리간가제모도키

줄무늬가 있는 두꺼운 독 가시와 짧고 바늘처럼 날카로운 가시를 지녔다.

크 기	10~15㎝
서식지	태평양·인도양
증 상	통증·염증

 레벨 3

이지마주머니성게

긴 가시 사이의 짧은 가시에서 독이 나온다. 찔리면 극심한 통증과 마비 증상이 오며 목숨을 잃을 수도 있다.

크 기	10~15㎝
서식지	일본 남부·말레이시아
증 상	격통·마비

  레벨 5

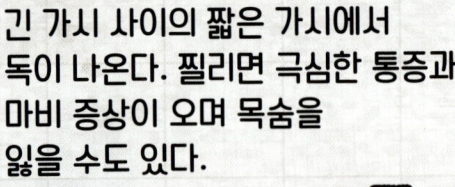

나팔 모양의 독 가시로 뒤덮여 있다. 독 가시에 찔리면 처음에는 별로 아프지 않지만, 점점 통증이 심해진다.

- **크 기** 10cm
- **서식지** 인도양·서태평양
- **증 상** 저림·마비 레벨 4

나팔분홍성게

몸속에 복어와 같은 맹독인 테트로도톡신이 있어서, 잡아먹으면 위험하다. 몸통의 가시에는 독이 없다.

- **크 기** 12cm
- **서식지** 한국·태평양·인도양
- **증 상** 저림·마비 레벨 4

가시불가사리

악마불가사리

산호를 먹는 습성으로 유명한 대형 불가사리이다. 가시에 맹독이 있어서 찔리면 격렬한 통증이 몰려온다. 통증이 며칠간 지속되며 목숨이 위험해지기도 한다.

- **크 기** 20~60cm
- **서식지** 태평양 서부·인도양·홍해
- **증 상** 격통·구토

레벨 5

궁금한 성게와 불가사리 이야기

호기심 1 독이 있는 성게를 먹어도 될까?
불가사리도 먹을 수 있을까?

① 성게에는 독이 있는 성게와 독이 없는 성게가 있다. 식용으로는 주로 독이 없는 성게를 이용한다.

식용으로 이용되지.

북쪽말똥성게

보라성게

② 독을 지닌 성게라도 독은 가시에만 있다.

길고 멋진 가시에만 독이 있어!

긴가시성게

③ 식용으로는 성게 몸통의 주황색 부분을 이용하므로 독을 지닌 성게라도 먹을 수 있다.

④ 불가사리는 위험한 독을 지니고 있어서 먹을 수 없는 종류가 많다. 먹을 수 있는 불가사리도 있지만, 쓰고 맛이 없다고 한다.

호기심 2 산호를 훼손하는 주범은 누구일까?

악마불가사리는 산호를 매우 좋아한다. 때때로 악마불가사리가 대량으로 번식해서 근처의 산호를 모조리 먹어 치우는 일이 발생하기도 한다.

스페셜 뉴스 — 꽃잎 무늬를 가진 성게의 정체

성게 중에는 특별한 모양을 가진 성게들이 있다. 대부분 모래 속을 파고 들어가서 생활하며 모양뿐만 아니라 이름도 특이하다.

- 구멍연잎성게  빵인가?
- 방패연잎성게 — 꽃잎 무늬네?
- 염통성게 — 이건 뭘까?

응급처치? 독 가시에 찔리면 어떻게 해야 할까?

눈에 보이는 가시가 살에 박혔다면 핀셋 등의 도구로 가시가 부러지지 않게 조심히 빼내야 한다. 따뜻한 물에 담그면 통증이 줄어든다.

가오리

쏨뱅이목

독을 지닌 위험한 독 가시 어류
노랑가오리·꽁지가오리·블라치드팬테일레이
쑥감펭·스톤피쉬·쏠배감펭

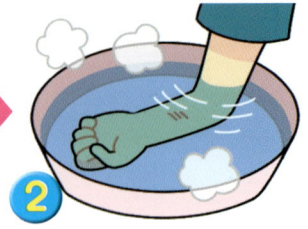

1. 독을 짜내고 물로 깨끗이 씻는다. 가시가 박혀서 빠지지 않을 때는 핀셋으로 천천히 뽑아낸다.

2. 열에 약한 독이므로 45℃ 정도의 따뜻한 물로 30~90분 담그면 통증이 줄어든다.

3. 빨리 병원에 가서 치료를 받는다.

성게

독을 지닌 위험한 성게·불가사리
긴가시성게·나팔분홍성게·악마불가사리

1. 핀셋으로 눈에 보이는 가시를 뽑는다. 도중에 부러지지 않도록 조심히 빼야 한다.

2. 가시를 뽑았다면 찔린 곳을 물로 잘 씻어 낸다.

3. 따뜻한 물에 담그면 통증이 줄어든다. 빨리 병원에 가서 치료를 받는다.

5 조심하라! 흐늘흐늘한 촉수를

바닷속에 사는 해파리나 말미잘에게는 흐늘거리는 촉수가 있다. 사실 이 촉수에는 독이 있어서 먹잇감을 잡을 때 무기로 사용한다. 촉수는 어떤 무기인지 알아보자.

해파리

모든 해파리는 독을 지니고 있지만 대부분 독성이 약하다.
하지만 사람이 목숨을 잃을 정도로 맹독을 지닌 해파리도 있다.

하얗게 보이는 부분이 위다.
해파리의 몸에는
뇌와 심장이 없다.

위

입

몸통 중앙의 아래쪽에
입이 있다. 배설물도
입으로 내보낸다.

촉수

몸 주변으로 길게
늘어진 촉수에는
독이 나오는 '자포'가
있으며, 자포를 이용해
먹잇감을 사냥한다.

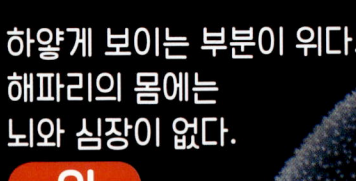

독이 있는 곳!
촉수 표면의
'자포'에서 독침을
발사한다.

공격

해파리의 생태

이동 — 해류에 따라 이동

바닷물의 흐름에 몸을 맡기고, 우산처럼 생긴 갓을 펄럭이며 헤엄친다.

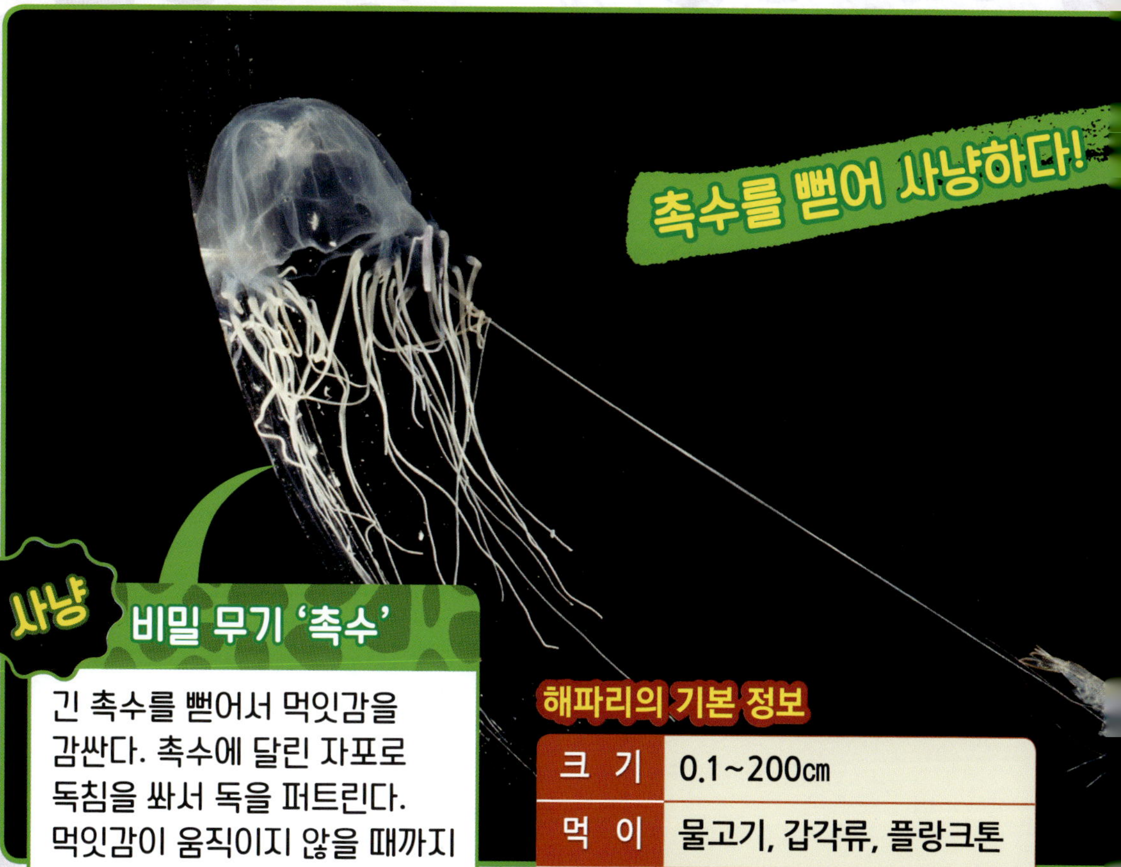

갓을 펄럭이며 움직이다!

촉수를 뻗어 사냥하다!

사냥 — 비밀 무기 '촉수'

긴 촉수를 뻗어서 먹잇감을 감싼다. 촉수에 달린 자포로 독침을 쏴서 독을 퍼트린다. 먹잇감이 움직이지 않을 때까지 기다린 후에 잡아먹는다.

해파리의 기본 정보

크 기	0.1~200cm
먹 이	물고기, 갑각류, 플랑크톤
서식 환경	바다

해파리의 종류

고깔해파리

촉수에 쏘이면 찌릿찌릿 전기에 감전된 것 같아서 '전기해파리'라고도 불린다. 촉수가 10m나 되는 것도 있으며, 몸통에서 떨어져 나간 촉수라도 살에 닿으면 쏘일 수 있다.

- 크 기 : 5㎝
- 서식지 : 전 세계의 열대·온대 바다
- 증 상 : 격통  레벨 5

호주상자해파리

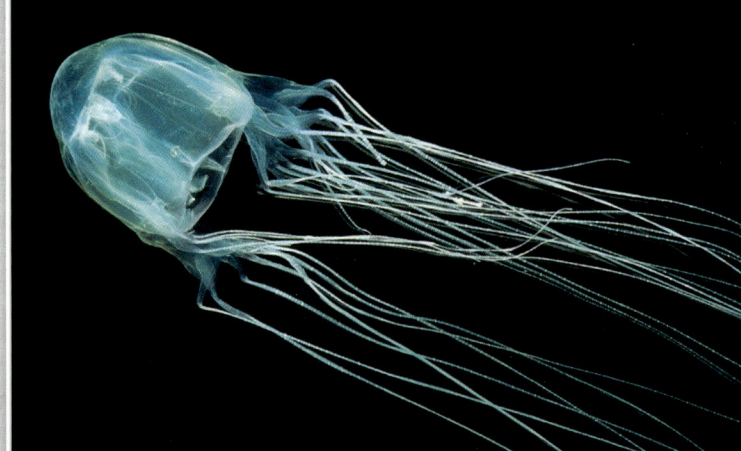

오스트레일리아 바닷가의 맹독성 해파리이다. 1마리가 60명 이상의 목숨을 앗아 갈 정도로 위험한 독을 지녔다. 물속에서 쏘이면 극심한 통증에 쇼크를 일으켜서 목숨을 잃을 수도 있다.

- 크 기 : 3m(전체 길이)
- 서식지 : 인도양 남부~오스트레일리아 연안
- 증 상 : 격통  레벨 5

하부쿠라게

상자해파리의 일종으로, 일본에서 발견되는 해파리 중에 가장 강력한 독을 지녔다. 반투명이기 때문에 바닷속에서는 눈에 잘 띄지 않는다.

- 크 기 : 10cm(갓의 폭)
- 서식지 : 일본·태평양 서부~인도양
- 증 상 : 격통 레벨5

산데리아해파리

갓의 테두리에 16개의 촉수가 달려 있다. 촉수뿐만 아니라 갓으로도 독을 쏠 수 있다. 쏘이면 강렬한 통증을 유발한다.

- 크 기 : 8cm
- 서식지 : 태평양 서부~인도양
- 증 상 : 격통  레벨4

노무라입깃해파리

갓의 폭이 2m, 몸무게는 200kg까지 나가는 거대한 해파리다. 커다랗지만 독성이 강하지는 않다.

- 크 기 : 2m(갓의 폭)
- 서식지 : 한국·동중국해·일본
- 증 상 : 가려움증  레벨2

궁금한 해파리 이야기

호기심 1 해파리는 독을 어떻게 사용할까?

1 해파리의 촉수에는 캡슐처럼 생긴 '자포'가 잔뜩 붙어 있다.

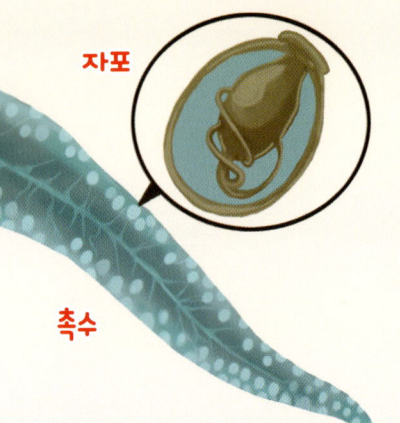

2 자포가 먹잇감의 몸에 닿으면 자포의 뚜껑이 열리면서 실로 연결된 침이 세차게 발사된다.

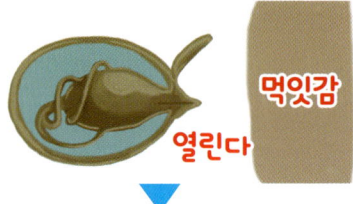

3 먹잇감의 몸에 박힌 침을 통해 독을 퍼트린다.

4 독침을 쏘는 유형의 자포뿐만 아니라 휘감거나 달라붙는 유형의 자포도 있다.

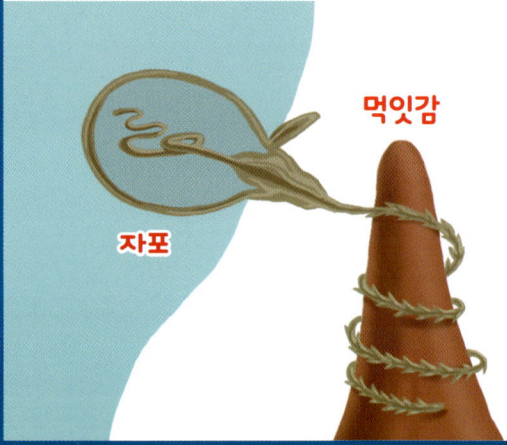

호기심 2 해파리는 죽은 후에도 독이 남아 있을까?

① 해파리의 자포는 물 바깥으로 떠밀려 나와도 움직일 때가 있다. 해파리가 죽었다고 해서 함부로 만져서는 안 된다.

② 옛날에 일본의 자객은 말린 커튼원양해파리의 가루를 적에게 뿌리며 공격했다고 한다. 독성 때문에 코가 간지럽고 눈이 따가워진다.

재채기와 눈물이 멈추지 않을걸!

스페셜 뉴스 수족관의 해파리는 인기 만점

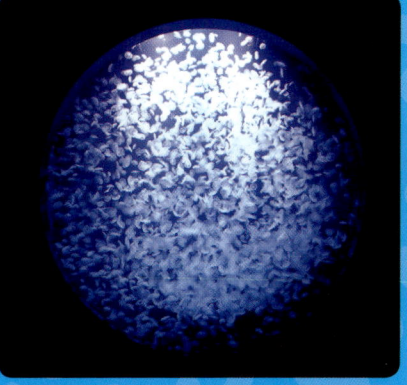

요즘 수족관에서는 해파리가 큰 인기를 끌고 있다. 커다란 수조에 환상적인 조명을 켜 놓은 곳도 많다. 그중에 일본의 카모수족관은 최다 종류의 해파리를 전시하고 있어서 세계 제일의 해파리 수족관으로 알려졌다.

말미잘

해파리와 마찬가지로 말미잘의 촉수에도 독이 나오는 자포가 있다. 사람 목숨을 위협할 정도로 맹독을 지닌 말미잘도 있다.

촉수
먹잇감을 사냥한다. 자포가 있어서 독을 내뿜는다.

몸통 중앙에 커다란 입이 있으며, 사냥한 먹잇감을 이곳을 통해 몸속으로 집어넣는다. 배설물도 입으로 배출한다.

입

독이 있는 곳!
촉수 표면의 '자포'에서 독침을 발사한다.

공격

몸통
바닷물을 빨아들여서 몸을 부풀린다. 몸통에 자포를 지닌 말미잘도 있다.

말미잘의 생태

생활 — 바위에서 부착 생활

대부분 바위에 달라붙어 생활한다. 바위에 붙어 있는 부분을 '족반'이라고 한다. 족반을 이용해서 움직일 수도 있다.

족반을 이용해 이동!

건드리면 위험하다!

사냥 — 강력한 독침 발사

먹잇감이 촉수에 닿으면 자포에서 독침을 발사한다. 움직이지 못하는 먹잇감을 몸통 중앙의 입으로 꿀꺽 삼켜 버린다.

말미잘의 기본 정보

크 기	1~1000㎜
먹 이	물고기, 갑각류, 플랑크톤
서식 환경	바다

말미잘의 종류

운바치말미잘

'운바치'란 일본어로 바다의 벌이라는 뜻이다. 촉수에 닿으면 벌에 쏘인 것처럼 강렬한 통증이 느껴져서 붙여진 이름이다. 말미잘 중에 강한 독성을 지닌 편이다.

크 기	15~25㎝
서식지	태평양 서부~인도양의 열대 바다
증 상	격통

레벨 4

자이언트카펫말미잘

흰동가리

말미잘 중에 독성이 강한 편이며, 손이나 발에 직접 닿으면 통증이 심하다. 주로 흰동가리와 함께 지낸다.

크 기	60~80㎝
서식지	태평양 서부
증 상	격통

레벨 3

모래해변말미잘

- **크 기** 6㎝
- **서식지** 태평양 서부
- **증 상** 격통

레벨 3

모랫바닥에 사는 말미잘의 일종이다. 길고 가는 촉수가 닿으면 굉장히 아프며 빨갛게 부어오른다. 촉수에 자극을 주면 쉽게 떨어진다.

모래말미잘류

해변말미잘류와 비슷하지만 크기가 더 작으며, 약 100여 종이 존재한다. 맹독을 지니고 있으며, 특히 '팔리토아말미잘'은 그중에 최강 독성을 지녔다.

- **크 기** 3.5㎝
- **서식지** 태평양 서부~ 인도양의 따뜻한 바다
- **증 상** 마비·경련

레벨 5

▼세계에서 가장 강력한 독을 지닌 '팔리토아말미잘'

궁금한 말미잘 이야기

호기심 1 말미잘을 만지면 어떻게 될까?

1 말미잘의 촉수와 몸의 표면에는 '자포'라고 하는 독주머니가 있다.

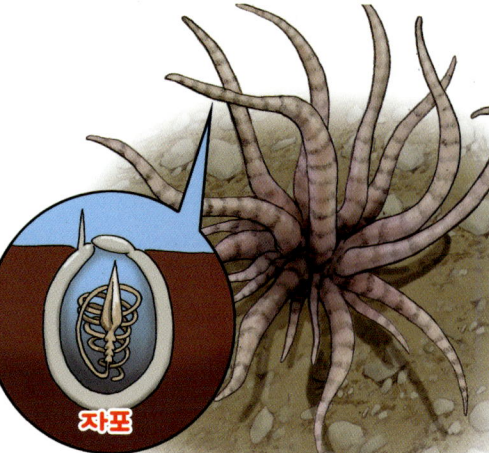
자포

2 말미잘을 만지면 자포의 뚜껑이 열리면서 실로 연결된 침이 발사되어 먹잇감의 피부에 박힌다. 이 침을 통해 독을 퍼트린다.

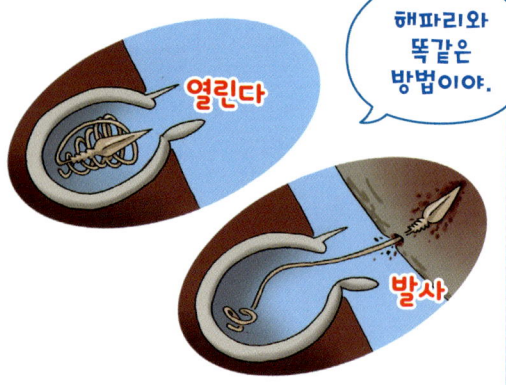
열린다
발사
해파리와 똑같은 방법이야.

3 독으로 먹잇감을 움직이지 못하게 만든 뒤 잡아먹는다.

잘 먹겠습니다!

4 사람에게 해를 줄 만큼 독성이 강하지 않다. 독이 없는 말미잘이 더 많지만 쏘이면 통증이 심하고 목숨이 위험해지는 종류도 있다.

아얏!

호기심 2) 생물계에서 가장 강력한 독은 얼마나 치명적일까?

① '팔리토아말미잘'은 생물계에서 가장 강력한 독을 지녔다고 한다. 아주 적은 양이라도 몸에 들어가면 목숨을 잃는다.

② 옛날에 하와이에서는 팔리토아말미잘 독을 화살이나 창끝에 발라서 사냥에 이용했다고 한다.

두 번째로 위험한 호주상자해파리보다 훨씬 강력한 독성을 지녔어.

호기심 3) 말미잘과 흰동가리는 왜 사이가 좋을까?

흰동가리 물고기가 말미잘과 함께 지내는 이유는 흰동가리는 말미잘의 독이 통하지 않기 때문이다. 적이 다가오면 독을 지닌 말미잘의 보호를 받는다.

흰동가리와 공생하는 말미잘은 그렇지 않은 말미잘보다 건강하고 성장이 빠르다는 연구 결과도 있다. 서로에게 도움을 주며 살아가는 셈이다.

응급처치? 촉수에 쏘이면 어떻게 해야 할까?

촉수에 쏘였을 때는 따끔할 뿐이지만 점점 통증이 심해지기도 한다. 촉수에 쏘이면 먼저 바다에서 나와야 한다. 물속에서 증상이 심해지면 물에 빠질 위험이 있다.

해파리

말미잘

독을 지닌 위험한 해파리·말미잘
고깔해파리·산데리아해파리 등

운바치말미잘 등

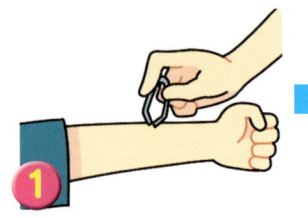

1. 촉수가 달라붙었다면 핀셋을 이용하거나 손수건으로 감싸서 조심히 떼어 낸다.
2. 피부에 남은 자포와 독을 바닷물로 씻는다. 수돗물이나 음료수는 사용하지 않는 것이 좋다.
3. 냉찜질로 통증을 가라앉히며 서둘러 병원에 간다.

하부쿠라게에게 쏘였을 때는 식초가 특효약!

하부쿠라게
하부쿠라게에게 쏘였을 때 상처에 식초를 뿌리면, 자포의 활동이 약해져서 독침 발사를 막을 수 있다. 식초를 뿌린 후에는 촉수를 떼어 내고 병원에 가야 한다.

그 외의 해파리
하지만 고깔해파리나 산데리아해파리에 쏘였을 때 식초를 뿌리면 오히려 상처가 심해진다. 하부쿠라게가 확실할 때만 식초를 사용해야 한다. 잘 모르겠다면 바닷물에 헹궈 낸다.

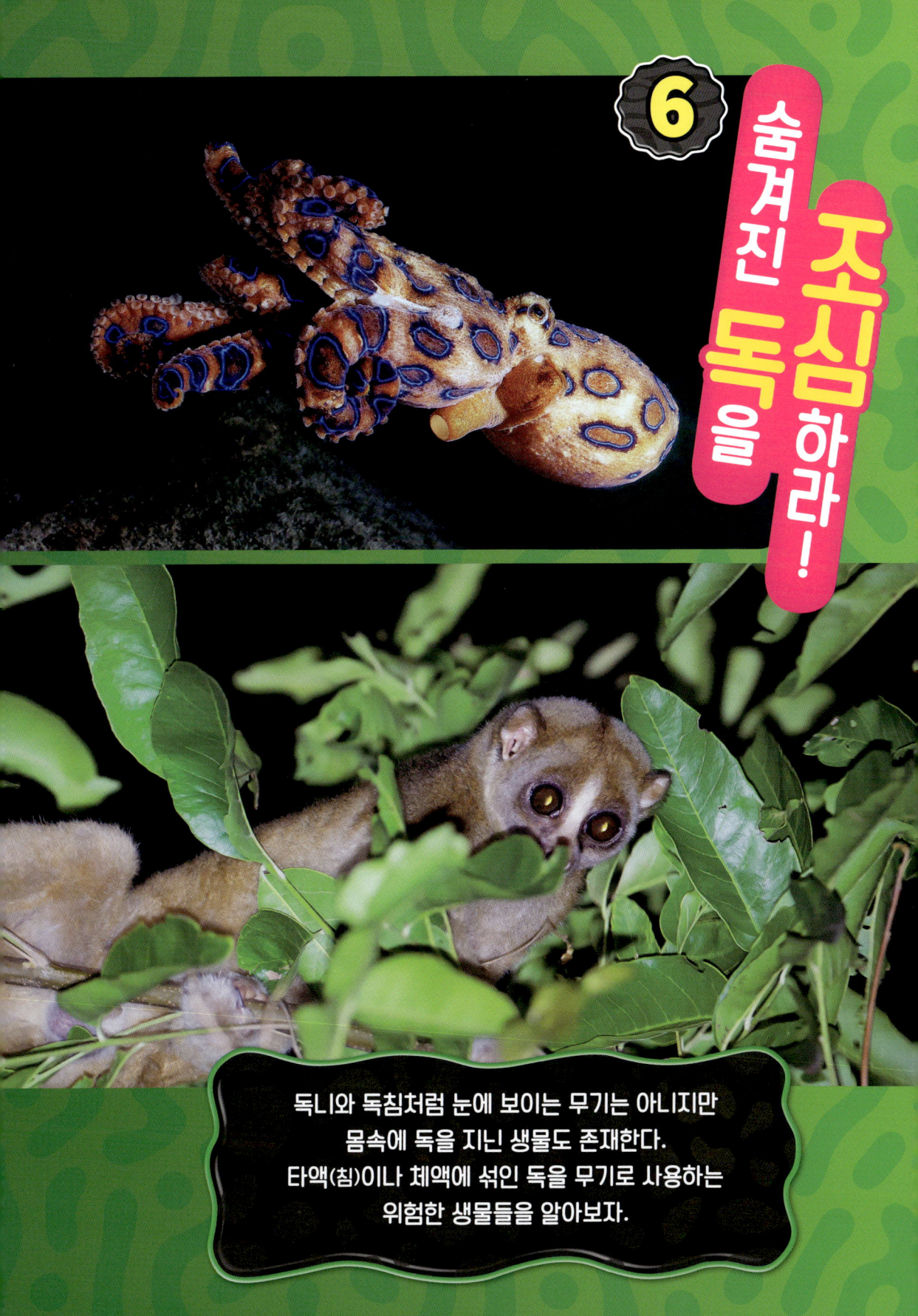

6 숨겨진 독을 조심하라!

독니와 독침처럼 눈에 보이는 무기는 아니지만 몸속에 독을 지닌 생물도 존재한다. 타액(침)이나 체액에 섞인 독을 무기로 사용하는 위험한 생물들을 알아보자.

복어

독이 있는 물고기로 가장 유명하다. 몸속에 맹독인 '테트로도톡신'이 있어서 잘못 먹으면 목숨을 잃게 된다.

이빨
새의 부리처럼 날카로운 이빨이 있어서 딱딱한 조개도 잘 씹어 먹는다.

눈
물고기 중에 드물게 눈을 감을 수 있다.

가슴지느러미
천천히 헤엄칠 때는 가슴지느러미를 움직이며 앞으로 나아간다. 뒤로도 능숙하게 움직일 수 있다.

독이 있는 곳!
내장, 껍질, 근육에도 전부 독이 있어서 먹으면 위험하다.

 수비

복어의 생태

수비 — 모래 속에 숨기

복섬 등 몇 종류의 복어는 모래를 파고 들어가서 숨어 지낸다. 모래 속에 들어가서 눈과 입만 바깥으로 내밀고 있다.

모래를 파고 들어가다!

몸을 부풀리다!

위협 — 놀라운 변신 기술

적이 다가오면 물이나 공기를 빨아들여 몸을 부풀려서 적을 위협한다. 또한 천적의 입속으로 빨려 들어가지 않기 위해 몸을 부풀리기도 한다.

복어의 기본 정보

크 기	32~80cm
먹 이	조개, 갑각류, 물고기 등
서식 환경	바다

복어의 종류

자주복

복어 중 가장 맛이 좋아 인기가 많지만 내장에 맹독인 테트로도톡신이 있다. 특히 난소와 간에 강력한 독성을 지녔다.

- 크 기 : 70㎝
- 서식지 : 한국·일본·동중국해
- 증 상 : 저림·마비  레벨 5

복섬

무리 지어서 바닷가로 알을 낳으러 올라오는 작은 복어다. 내장과 피부, 근육 등 여러 부위에 독을 지녔다.

- 크 기 : 11㎝
- 서식지 : 한국·일본·동중국해·남중국해
- 증 상 : 저림·마비  레벨 5

검복

간과 난소에 맹독이 있으며, 껍질에도 강한 독을 지녔다. 독이 몸속에 들어가면 입이 마비되며, 심하면 전신 마비와 함께 호흡 곤란 증상을 일으킨다.

- 크 기 : 45㎝
- 서식지 : 한국·일본·동중국해~러시아 남동부
- 증 상 : 저림·마비  레벨 5

식용으로 이용되는 물고기지만 근육과 간에 맹독을 지녔다. 복어가 아닌 비늘돔의 일종이다.

파랑비늘돔

- 크 기: 65㎝
- 서식지: 한국·일본·동중국해·남중국해
- 증 상: 저림·마비

깊은 바다에 사는 물고기다. 사람이 소화하기 힘든 기름을 지녀서 많이 먹으면 심한 설사에 시달린다.

기름갈치꼬치

- 크 기: 1.5m
- 서식지: 전 세계의 온대·열대 바다
- 증 상: 설사 레벨2

날개쥐치

내장에 맹독이 있으므로 먹으려면 신중하게 내장을 떼어 낸 후에 조리해야 한다. 따뜻한 바다에 사는 쥐치의 일종이다.

- 크 기: 75㎝
- 서식지: 전 세계의 열대 바다
- 증 상: 저림·마비 레벨5

궁금한 복어 이야기

호기심 1 복어는 왜 독을 지녔을까?

1 복어 자체에는 독이 없다. 바다의 독성 세균이 독을 만들어 내면, 독성 세균을 먹은 작은 생물을 다시 복어가 잡아먹어서 몸속에 독성이 쌓이게 된다.

작은 고둥
불가사리와 큰 고둥
독성 세균!
비브리오균
복어

2 이렇게 몸속에 쌓인 독을 몸의 표면에서 내뿜으면, 다른 물고기는 복어를 피해 도망치게 된다.

도망가자!

3 또한 암컷의 독은 수컷을 유인하는 페로몬 역할을 하기도 한다.

예뻐 보이는데!

호기심 2 사람은 언제부터 독을 지닌 복어를 먹었을까?

① 일본에서는 3~4,000년 전의 유적에서 복어의 뼈와 이빨이 발견되었다.

② 에도 시대에는 복어의 독으로 죽은 사람이 많아서 금지령이 내려졌을 정도로 인기가 많았다고 한다.

선사 시대부터 먹어 왔지.

스페셜 뉴스 — 함부로 먹으면 안 되는 해조류

주변에서 쉽게 볼 수 있는 해조류 중에서 독을 지닌 종류가 있다. 그중 '꼬시래기'를 익히지 않고 먹으면 식중독으로 목숨을 잃을 수도 있다. 식용으로 파는 것은 독을 없애는 과정을 거치므로 안전하지만 바다에서 직접 채집한 꼬시래기는 먹지 말아야 한다.

◀식용으로 가공하면 녹색이 된다.

레벨 업! 독 생물 상식

함부로 먹으면 위험한 생물

매끈이송편게

놀라운 기술
독을 축적하다!

조간대의 바위틈에 사는 게로, 서식하는 장소에 따라 다른 독성을 지닌다. 열을 가해도 독이 없어지지 않으므로 절대 먹어서는 안 된다.

크 기	5.5cm
서식지	인도양·태평양 열대 바다
증 상	어지럼증·마비

레벨 4

최강 반전 서식하는 장소에 따라 독성이 다르다고?

매끈이송편게는 먹이를 통해서 몸속에 독을 축적한다. 서식 환경에 따라 먹이가 다르기 때문에 독의 성분이 다르다고 한다.

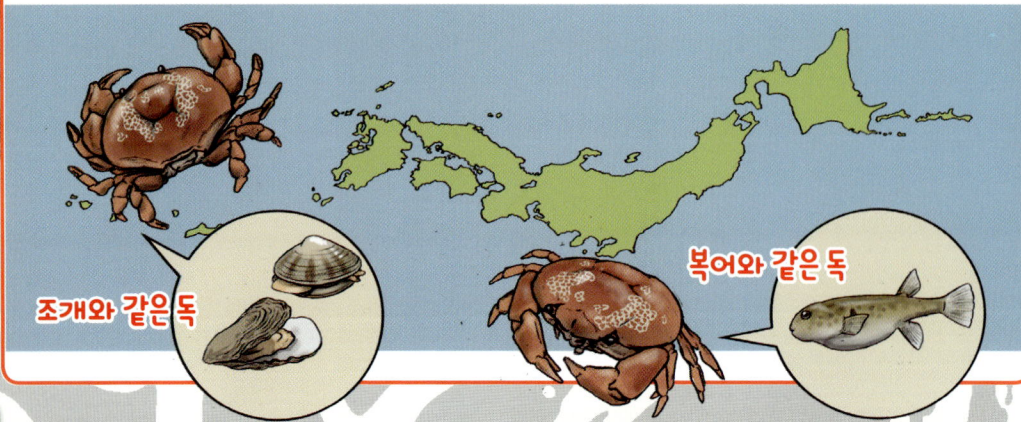

조개와 같은 독 / 복어와 같은 독

야자집게

놀라운 기술 집게발로 공격하다!

열대 지방의 섬에 사는 소라게의 일종이다. 내장에 독이 있어서 야자집게를 먹고 목숨을 잃기도 한다. 집게발의 힘도 굉장히 세다.

크 기	15cm
서식지	태평양·인도양의 열대 섬
증 상	어지럼증·마비

레벨 5

최강 반전 야자집게 요리가 인기 만점이라고?

① 괌이나 사이판, 오키나와 등에서 야자집게는 맛있는 음식으로 인기가 많다.

② 하지만 먹어도 되는 것은 식용으로 키운 야자집게이며, 독에 대해 아는 사람이 바르게 조리해야 한다.

마음대로 잡아먹으면 위험해!

문어

주변에서 쉽게 볼 수 있으며, 타액에 독이 섞여 있다.
사람의 목숨을 앗아 갈 만큼 강력한 독을 지닌 문어도 있다.

눈
시력이 좋은 편이다. 눈의 구조가 사람과 비슷하다.

몸통
머리처럼 보이는 부분이 몸통이며 내장이 들어 있다. 혈액을 내보내는 심장이 3개이다.

팔
다리가 아닌 팔이다. 나란히 달린 빨판이 먹잇감에 딱 달라붙어서 놓아 주지 않는다.

독이 있는 곳!
타액에 독이 있다.

문어의 생태

물을 내뿜으며 전진!

이동 — 몸통 쪽으로 이동

'수관'에서 물을 세차게 내뿜으며 몸통 쪽으로 나아간다.

수관

숨바꼭질의 달인!

은신처 — 구멍 사이로 숨기

낮에는 바위나 산호 틈새에 들어가서 몸을 숨긴다. 피부 표면이 울퉁불퉁해서 바위와 똑같이 위장할 수 있다.

문어의 기본 정보

크 기	1.5~300㎝
먹 이	갑각류, 조개, 물고기
서식 환경	바다

문어의 종류

푸른띠문어

타액에 독성이 있으며, 근육과 피부에도 맹독을 지닌 푸른띠문어가 발견되기도 했다. 먹어서도 안 되고 만지기만 해도 위험한 문어다.

크 기	12cm
서식지	태평양 서부의 열대·아열대 바다
증 상	마비 

파란고리문어

푸른띠문어와 비슷한 종류로 타액뿐 아니라 근육과 피부에도 맹독이 있다. 푸른띠문어와 생김새가 비슷해서 헷갈리기 쉽다.

크 기	20cm
서식지	태평양 서부의 열대 바다
증 상	마비 

참문어

'왜문어', '피문어'라고도 불린다. 타액에 독이 있어서 물리면 굉장히 아프다. 참문어를 잡았다면 물리지 않도록 조심해야 한다.

| 크 기 | 60㎝ | 서식지 | 전 세계의 온대·열대 바다 | 증 상 | 격통 | 레벨 3 |

스태리나잇문어

산호초 사이에서 서식한다. 타액에 독이 있어서 먹잇감인 새우나 게 등을 마비시킨 후에 잡아먹는다. 사람이 물리면 몸이 저리고 의식을 잃을 수도 있다.

크 기	70㎝
서식지	태평양 서부
증 상	마비	 레벨 4

궁금한 문어 이야기

호기심 1 문어는 어떻게 독을 사용할까?
독이 있는 문어를 먹어도 될까?

1 문어는 먹잇감을 물어서 독을 주입한다. 팔이나 빨판에는 독이 없다.

2 팔이 시작되는 곳에 입이 있으며, 입속의 날카로운 턱으로 먹잇감을 물어뜯는다.

여기가 내 입이야.

3 타액에 섞인 독으로 먹잇감을 마비시켜서 움직이지 못하게 만든 후에 잡아먹는다.

잘 먹겠습니다.

4 식용으로 가장 많이 먹는 참문어에도 독이 있지만, 타액을 만들어 내는 곳이나 입을 떼어 내면 안전하다.

호기심 2 문어와 오징어의 먹물은 똑같을까?

1 오징어의 먹물은 적을 헷갈리게 하는 속임수다. 먹물에 끈적이는 성분이 들어 있어서 덩어리의 형태로 물속에 떠 있다. 적의 눈에는 오징어가 길게 펴져 있는 것처럼 보여서 헷갈리게 된다. 그 사이에 도망치는 것이다.

> 물에 녹지 않고 모양이 남아 있지.

2 문어의 먹물은 적의 시야를 가린다. 먹물에 끈적이는 성분이 없어서 아주 빨리 연기처럼 퍼져 버린다. 또한 먹물에는 감각을 마비시키는 효과가 있어서 적의 눈과 코의 기능을 마비시키고 도망친다.

> 연기처럼 퍼져 버려.

스페셜 뉴스 — 독을 지닌 희귀한 '불꽃갑오징어'

오스트레일리아와 동남아시아 주변의 바다에 사는 '불꽃갑오징어'는 맹독을 지닌 희귀한 오징어다. 모랫바닥을 걸어 다니듯이 움직이는 귀여운 생김새와 계속해서 바뀌는 몸 색깔 때문에 인기가 많은 깜찍한 오징어다.

두더지의 생태

땅 위 — 작은 흙무덤

땅굴을 팔 때 나오는 흙을 땅 위에 쌓아 두기 때문에 작은 흙무덤이 만들어진다.

두더지가 있다는 증거!

땅속을 거침없이 탐색!

사냥 — 땅굴에서 먹이 사냥

땅속에 복잡한 터널 구조를 만들어 굴을 판다. 땅굴에서 지렁이를 잡아먹는다.

두더지의 기본 정보

크 기	3.6~30cm
먹 이	지렁이, 곤충
서식 환경	산림, 초원, 도시, 습지

두더지의 종류

유럽두더지

타액에 독이 섞여 있다. 지렁이 등의 먹잇감을 물어서 독으로 마비시킨 후에 집에 저장해 둔다.

- 크기: 12cm
- 서식지: 유럽
- 증상: 통증
- 레벨 1

북부짧은꼬리땃쥐

타액의 독으로 달팽이와 곤충을 공격해서 잡아먹는다. 사람에게 해를 주지는 않지만 1마리의 독으로 쥐 200마리를 죽일 수 있을 만큼 독성이 강력하다.

- 크기: 7.5~11cm
- 서식지: 북아메리카 중동부
- 증상: 통증
- 레벨 1

히스파니올라 솔레노돈

앞니에 특수한 홈이 있다. 독성이 있는 타액을 지렁이 등의 먹잇감의 몸통에 주입한다.

- **크 기** 33cm
- **서식지** 히스파니올라 섬 (카리브해)
- **증 상** 통증 레벨 1

세계에서 가장 작은 포유류 가운데 하나이다. 타액에 독성이 있어서 자신의 몸보다 커다란 귀뚜라미도 물어서 꼼짝 못 하게 한다.

- **크 기** 2.5cm
- **서식지** 일본·중국·몽골
- **증 상** 통증 레벨 1

꼬마뒤쥐

궁금한 두더지 이야기

호기심 1 두더지는 어떻게 독을 사용할까?

1 먹잇감인 지렁이를 발견하면 잽싸게 물고 뒤로 잡아당겨서 굴속으로 끌고 온다.

2 잡은 지렁이를 바로 먹기도 하지만 독을 주입해 가사 상태(생명 활동이 일시적으로 멈추는 것)에 빠트리기도 한다.

3 가사 상태의 먹잇감을 겨울을 대비해 저장해 둔다.

4 땃쥐 종류도 벌레나 달팽이를 독으로 움직이지 못하게 해서 저장해 둔다.

겨울엔 먹이를 구할 수 없거든.

호기심 2 햇빛을 쐬면 두더지의 목숨이 위험해질까?

① 두더지가 햇빛을 쐰다고 죽는 일은 없다. 두더지는 땅 위로 올라오기도 한다.

② 하지만 땅 위에는 두더지의 먹잇감이 적으며, 천적을 만나 쉽게 목숨을 잃을 수도 있다.

땅 위에서는 움직임이 조금 둔해질 뿐이야.

스페셜 뉴스 — 수영 솜씨가 뛰어난 두더지

수영도 잘한다고! 놀랐어?

땅속에 사는 두더지이지만, 사실은 수영 솜씨도 뛰어나다. 이동하다 물을 만나면 코끝을 물 밖으로 내밀고 헤엄쳐서 앞으로 나아간다. 흙을 파내는 커다란 앞발은 헤엄칠 때도 유리하다.

늘보원숭이

귀여운 얼굴을 하고 있지만 독을 사용하는 무서운 습성을 지녔다. 동남아시아에 5종류의 늘보원숭이가 살고 있다.

림프샘에서 분비되는 독을 핥아서 혀와 이빨에 묻힌다. 타액에도 독을 섞어 입속에 저장한다.

입

야행성이어서 아주 희미한 빛으로도 앞을 볼 수 있도록 눈이 커다랗다.

눈

독이 있는 곳!
상완 부근에 위치한 림프샘에서 독을 만든다.

림프샘

상완(어깨에서 팔꿈치까지의 부분) 부근에 위치한 림프샘에서 독을 분비한다.

늘보원숭이의 생태

사냥 — 느림보처럼 사냥

천천히 움직이는 이유는 나뭇가지에 앉아 있는 곤충이 도망가지 않게 하기 위해서이다. 조용히 다가가서 앞발로 잽싸게 누른다.

먹이를 향해 살금살금!

어미 배에 달라붙다!

육아 — 어미 배에 찰싹

한번 출산할 때 새끼 1마리를 낳는다. 5~7개월이 될 때까지 어미의 젖을 먹고 자라며, 그동안은 어미에게 달라붙어서 생활한다.

늘보원숭이의 기본 정보

크 기	30㎝
먹 이	나뭇진, 곤충, 꽃꿀
서식 환경	동남아시아의 숲속

궁금한 늘보원숭이 이야기

호기심 1 늘보원숭이에게 물리면 위험할까?

① 늘보원숭이는 상완 부근에 위치한 림프샘에서 분비되는 독을 혀로 핥아 타액에 보존한다.

② 물리면 그 독이 몸에 들어가서 심하게 부어오르거나 사람에 따라서는 목숨을 잃을 수도 있다.

이빨로 물어서 독을 퍼트리지.

③ 애완동물로 기르는 늘보원숭이는 대부분 물지 못하도록 이빨을 뺀다. 그래서 늘보원숭이가 병에 걸리기도 한다.

④ 단, 늘보원숭이는 멸종 위기에 놓여 있는 동물이므로 함부로 사육할 수 없다.

호기심 2 새끼에게 독이 닿으면 새끼는 해롭지 않을까?

1 늘보원숭이는 타액에 섞여 있는 지독한 냄새의 독을 새끼의 몸에 바른다.

2 그 이유는 사향고양이 등의 천적으로부터 새끼를 보호하기 위해서다. 독이 새끼에게 나쁜 영향을 주지는 않는다.

스페셜 뉴스 — 느릿느릿 움직이는 익살꾼

늘보원숭이의 다른 이름은 '슬로우로리스'이다. '슬로우'는 영어로 '느리다'는 뜻이며, 움직임이 느려서 붙여진 이름이다. '로리스'는 네덜란드어로 '익살꾼(광대)'이라는 뜻이다. 커다란 눈과 생김새가 익살스럽게 보여서 붙여진 이름이다.

별로 장난치지 않는데….

모기

모기는 사람에게 말라리아·일본 뇌염 등 여러 질병을 옮기는 위험한 곤충이다. 모기에게 물리면 피부가 가렵고 부어오른다.

입
침이 1개인 것처럼 보이지만, 각각 다른 역할을 하는 침과 관이 6개로 이루어져 있다.

날개
1쌍의 앞날개가 있으며, 뒷날개는 퇴화해서 짧은 봉 모양으로 남아 있다.

먹이 주머니
빨아들인 피나 먹이를 일단 먹이 주머니에 저장해 둔다.

독이 있는 곳! 타액에 독이 있다. **공격**

모기의 생태

번데기

거꾸로 서서 둥둥!

성장 | 물속에서 폭풍 성장

물속에 알을 낳는다. 모기의 애벌레는 '장구벌레'라고 하며, 물속의 수초를 먹으며 성장한다. 낙엽에 고인 아주 적은 양의 물로도 충분히 살 수 있다.

애벌레(장구벌레)

꽃꿀을 빨아 먹다!

먹이 | 모기의 주식은 식물

피는 특별할 때만 필요한 영양분이다. 평소에는 꽃꿀이나 풀즙, 과일즙 등을 빨아 먹으며 생활한다.

모기의 기본 정보

크 기	1~32mm
먹 이	꽃꿀, 풀과 과일의 즙
서식 환경	산림, 초원, 물가, 도시 등

모기의 종류

빨간집모기

집에서 흔히 볼 수 있는 모기다. 밤이 되고 어두워지면 돌아다니기 시작해서 자는 사람의 피를 빨아 먹는다. 사람 이외에도 새의 피를 매우 좋아한다.

- 크 기 : 5㎜
- 서식지 : 한국·일본·미국
- 증 상 : 가려움증

흰줄숲모기

나무와 풀숲이 많은 곳에 산다. 낮에도 활동하지만 아침이나 저녁의 어스름한 시간에 가장 활발하게 활동한다. 전염병을 퍼트리는 원인이 된다.

- 크 기 : 4.5㎜
- 서식지 : 아시아
- 증 상 : 가려움증

흰줄숲모기와 비슷한 흑백 줄무늬의 모기지만 몸집이 더 크다. 사람의 피를 매우 좋아하며 화장실 같은 곳에서 쉽게 찾아볼 수 있다.

크 기	7.5mm
서식지	한국·일본·대만·말레이시아
증 상	가려움증

 레벨 1

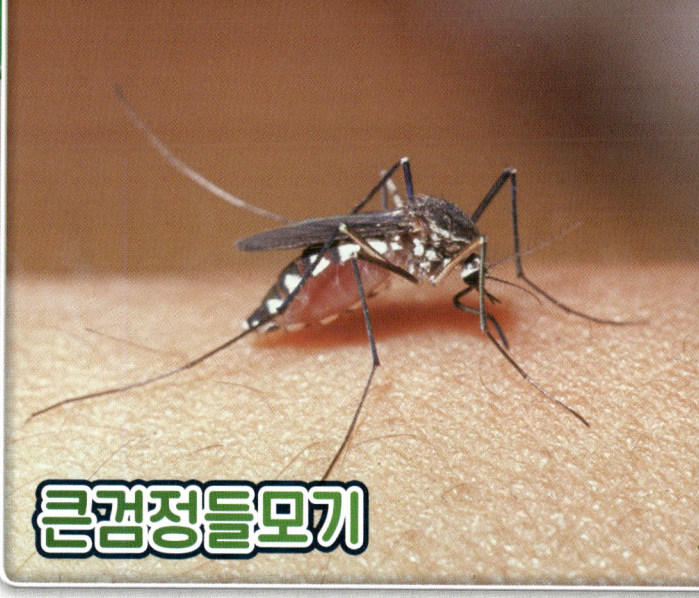

큰검정들모기

이집트숲모기

열대 지방에 서식하며, 사람이 사는 집 주변에 많다. 낮에도 활동하지만 저녁이 되면 특히 활발하게 돌아다닌다. 전염병을 퍼트리는 원인이 된다.

크 기	5mm
서식지	동남아시아·아프리카
증 상	가려움증

 레벨 1

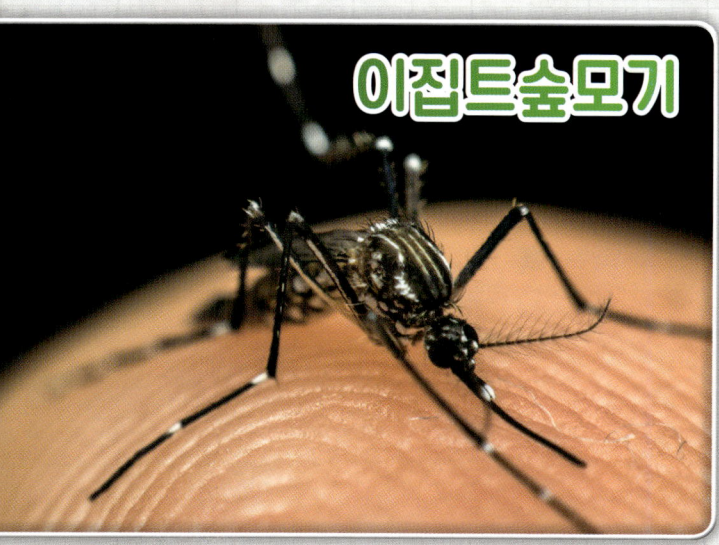

아프리카말라리아모기

아프리카에 서식하는 모기로, 무서운 전염병의 원인이 되는 기생충(말라리아)을 옮기는 모기로 유명하다. 매년 많은 사람이 말라리아로 목숨을 잃기도 한다.

크 기	5mm
서식지	아프리카
증 상	가려움증

 레벨 1

궁금한 모기 이야기

호기심 1 모기에 물리면 왜 아프지 않고 가려울까?

① 모기에 물려도 아프지 않은 이유는 침이 매우 가늘기 때문이다. 가느다란 침을 천천히 찔러 넣는다.

② 피를 빨면서 사람이 통증을 느끼지 않도록 감각을 마비시키는 성분을 주입한다.

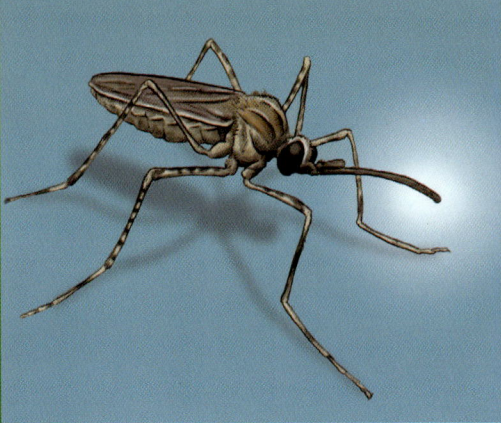

③ 마비 효과는 3분 정도 지속된다. 그동안 모기에 물리는 사람은 알아채지 못하므로 천천히 피를 빤다.

④ 모기가 사라진 후, 남은 마비 성분에 사람의 몸이 반응해서 가렵고 부어오른다.

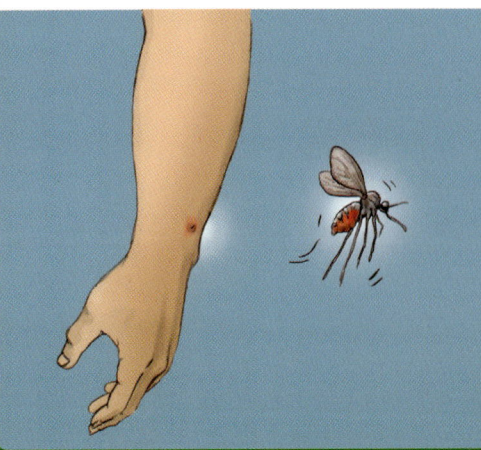
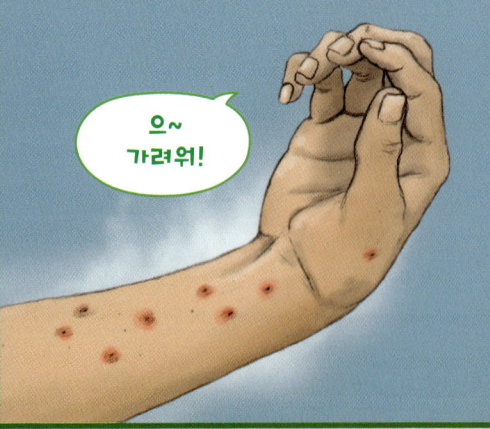

으~ 가려워!

호기심 2 모기는 왜 사람의 피를 빠는 걸까?

① 사실 사람의 피를 빠는 모기는 암컷뿐이다. 수컷 모기는 피를 빨지 않는다.

② 암컷은 알을 낳을 때 충분한 영양분이 필요하다. 그래서 사람의 피를 빠는 것이다. 알을 낳는 시기에만 사람의 피를 빤다.

더듬이에 털이 덥수룩한 게 수컷이야.

이만큼 알을 낳기도 힘들다고.

스페셜 뉴스 - 세상에서 가장 무서운 생물 '모기'

생물이 원인이 되어 사망한 사람 수를 조사한 데이터가 있다. 그 데이터에 따르면 사람의 목숨을 빼앗는 3대 생물은 '뱀', '사람' 그리고 '모기'라고 한다. 뱀은 독으로, 사람은 전쟁이나 범죄를 통해 사람의 목숨을 빼앗는다. 그렇다면 모기는 어떻게 사람의 목숨을 빼앗을까? 모기는 위험한 질병의 원인이 되는 세균과 바이러스를 옮겨서 병을 퍼트린다. 병에 걸린 사람과 동물의 피를 빨아서 몸에 병원균을 지닌 모기에 물리면, 물린 사람도 같은 질병에 걸릴 가능성이 커진다.

생물이 원인이 되어 사망한 사람 수 (약 150만 명)

모기 - 모기가 옮긴 질병으로 사망한 사람 (약 83만 명)

사람 - 사람이 원인이 되어 사망한 사람 (약 58만 명)

뱀 (약 6만 명) / 그 외의 원인

레벨 업! 독 생물 상식

무시무시한 흡혈 생물

놀라운 기술 피부를 물어뜯다!

줄무늬먹파리

애벌레는 산속의 하천에 산다. 여름에 낚시를 하거나 강에서 물놀이를 할 때 자주 물린다. 물리면 심하게 부어오르고 극심한 가려움을 유발한다.

크 기	4mm
서식지	한국·일본
증 상	가려움증·부어오름

레벨 3

최강 반전 치료하지 않으면 잘 낫지 않는다고?

① 먹파리류는 사람의 피부를 물어뜯어서 피를 빤다. 물린 곳에서 피가 나올 정도이다.

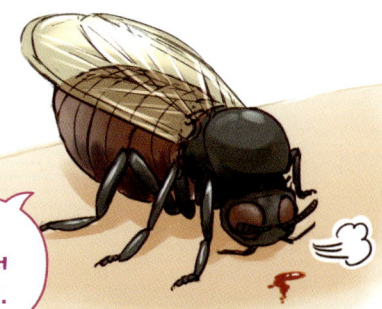

"피부를 물어뜯어서 피를 빨지."

② 가렵고 부어오르는 것뿐만 아니라 물집이 생기기도 하며, 완전히 나을 때까지 몇 개월이 걸리기도 한다.

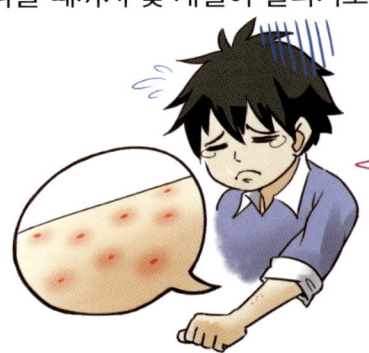

"물린 자국이 안 없어지네."

왕소등에

목장 주변에서 많이 볼 수 있으며, 주로 가축의 피를 빨아 먹는다. 사람의 피부도 물어뜯어서 피를 빤다. 피를 빠는 건 암컷뿐이다.

크 기	3.3㎝
서식지	한국·일본·중국
증 상	가려움증·부어오름

레벨

놀라운 기술 **말벌을 의태하다!**

최강 반전 - 자동차를 좋아하는 곤충이라고?

1 소나 말과 같은 가축의 피를 빤다. 사람이 물리면 말벌에 쏘인 것만큼 통증이 심하다.

2 자동차에도 많이 붙어 있다. 자동차의 배기가스가 소나 말이 내뿜는 숨결과 비슷하기 때문이라고 한다.

레벨 업! 독 생물 상식

놀라운 기술 높이 점프하다!

크 기	2~3mm
서식지	전 세계
증 상	극심한 가려움증·부어오름

레벨 2

개벼룩·고양이벼룩

동물뿐만 아니라 사람의 피도 빤다. 물리면 굉장히 가려우며, 빨갛고 커다란 물집이 생기기도 한다.

최강 반전 벼룩은 높이뛰기 선수라고?

① 벼룩은 자기 몸 크기의 100~150배를 뛰어오를 수 있다. 30cm 높이도 훌쩍 뛰어넘는다.

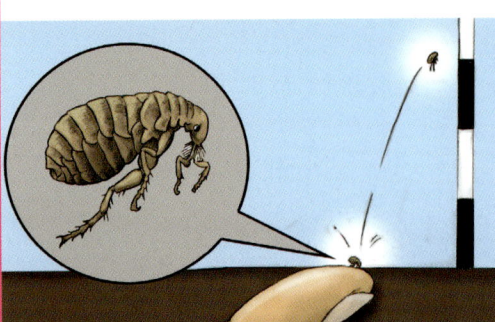

② 그래서 개나 고양이, 사람에게도 쉽게 달라붙는다.

이

놀라운 기술 — 피를 빨아 먹다!

사람의 몸에 붙어서 피를 빨아 먹는 곤충이다. 이에 물리면 굉장히 가렵다. 머리카락에 사는 이는 '머릿니'라고 한다. 옷에 달라붙는 '옷엣니'는 위험한 감염증의 원인이 된다.

- **크 기** 4mm
- **서식지** 전 세계
- **증 상** 극심한 가려움증
- **레벨** 2

최강 반전 — 사람에게 붙어 있지 않으면 죽는다고?

1. 머릿니는 언제나 사람의 머리카락에 붙어살며, 하루에도 몇 번이나 피를 빨고 알을 낳는다.

2. 벼룩처럼 뛰어오르지도 못하고 날개도 없어서 사람의 머리에서 떨어지면 2~3일 안에 죽는다.

"힝~ 배고파."

레벨 업! 독 생물 상식

놀라운 기술 **찰싹 달라붙다!**

호랑이거머리

숲속에 살며 사슴이나 멧돼지의 피를 빨아 먹는다. 달라붙은 거머리를 떼어 내도 물린 부분에서 계속 피가 흘러나와서 몇 시간이고 멈추지 않는다.

크 기	2cm
서식지	일본·중국
증 상	피가 멈추지 않음

레벨 ☠2

최강 반전 피를 빨아도 알아채지 못한다고?

① 거머리는 3개의 턱을 가지고 있다. 턱에 나 있는 가느다란 이빨로 피부를 물어뜯어서 피를 빤다.

이빨 / 턱

② 피를 빠는 동안 물린 사람이 아픔을 느끼지 못하게 하는 성분과 피를 굳지 않게 하는 성분의 타액을 계속해서 주입한다.

아픔을 못 느껴서 그런지 피를 많이 빨아도 모르더라고.

놀라운 기술

점점 부풀어 오르다!

진드기

흡혈 진드기류는 사람이나 가축의 피부에 기생하면서 피를 빨아 먹는다. 주로 소나 말에 많이 붙어 산다. 물렸을 때 아프지는 않다.

크 기	2~5mm
서식지	전 세계
증 상	부어오름·출혈

레벨 2

최강 반전 — 몇 날 며칠 동안 계속해서 피를 빤다고?

1 진드기는 피부에 머리를 쑤셔 박고 길게는 10일이 넘는 시간 동안 계속해서 피를 빨아 먹는다.

2 피를 빨고 있는 진드기를 억지로 떼어 내면 진드기 머리가 피부에 박힐 수도 있으니, 병원에 가서 제거하는 것이 좋다.

아~ 배부르다!

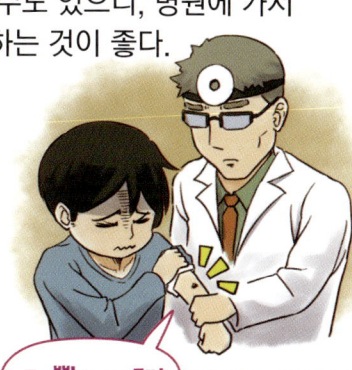

더 빨아야 돼!

메뚜기

전 세계에는 2만여 종의 메뚜기가 있다. 대부분 독이 없지만 무시무시한 독을 지닌 메뚜기도 존재한다.

대부분 적의 눈에 띄지 않도록 녹색과 갈색이다. 하지만 독을 지닌 종류는 화려한 색을 띠고 있다.

몸 색깔

가슴에서 독성 거품을 내뿜는다.

가슴

길쭉한 뒷다리는 접혀 있으며, 높이 뛰어오를 수 있다.

뒷다리

독이 있는 곳!
가슴에서 독성 거품을 내뿜는다.

수비

메뚜기의 생태

자손번식 — 암컷 등에서 짝짓기

수컷과 암컷이 만나면 수컷은 암컷의 등에 올라타서 짝짓기를 한다. 수컷은 한참 동안 암컷의 등에 올라탄 채 다른 수컷이 접근하지 못하도록 지킨다.

몸집이 커다란 암컷!

하늘을 나는 메뚜기!

비행 — 메뚜기의 비행 방법

뒷다리로 높이 뛰어오를 뿐만 아니라 날개를 퍼덕이며 멀리 날아갈 수도 있다.

메뚜기의 기본 정보

크 기	5~170mm
먹 이	풀, 잎사귀
서식 환경	숲, 초원

메뚜기의 종류

위험에 빠지면 가슴에서 독성 거품을 잔뜩 내뿜어서 몸을 보호한다. 독성 식물을 먹어서 몸속에 쌓인 독을 사용한다.

크 기	8cm
서식지	아프리카 남부

거품메뚜기

인도나 동남아시아에 서식하는 독을 지닌 메뚜기다. 적에게 습격을 당하면 가슴에서 세차게 독성 거품을 뿜어서 몸을 보호한다. 거품에서 지독한 냄새가 난다.

크 기	7.5cm
서식지	인도·동남아시아

미리아리스거품메뚜기

마다가스카르덤불메뚜기

적이 가까이 다가오면 빨간색 날개를 펼쳐 보이며 위협한다. 독성 식물을 먹어서 몸속에 독을 축적한다. 움직임이 매우 느리다.

크 기	10㎝
서식지	마다가스카르 섬

레벨 0

궁금한 메뚜기 이야기

호기심 1. 독을 가진 메뚜기가 또 있을까? 메뚜기는 왜 몸속에 독이 있을까?

1 아프리카에 10여 종이 서식한다고 알려진 마다가스카르덤불메뚜기 종류와 남·북아메리카에 사는 동부얼간이메뚜기 종류는 독을 지니고 있다.

마다가스카르덤불메뚜기 종류

"우리는 색깔과 무늬가 화려해."

"독을 내뿜기 전에 화려한 날개를 펼쳐서 적을 위협하지."

동부얼간이메뚜기 종류

2 '금관화'는 유독 식물이다. 독을 가진 메뚜기는 이런 유독 식물을 먹어서 몸에 독을 저장하는 경우가 많다.

3 동부얼간이메뚜기도 토란처럼 독이 있는 식물을 먹고 몸속에 독을 저장한다.

호기심 2 독성 거품은 어떤 역할을 할까?

구린내가 나네. 맛없어 보여.

독성 거품 발사!

거대한 타란툴라를 향해 지독한 냄새의 독성 거품을 내뿜는 미리아리스거품메뚜기. 위험한 적도 쫓을 수 있다.

독을 지닌 위험한 나비

금관화 등 유독 식물을 먹고 독을 몸속에 저장하는 나비도 있다. 애벌레일 때 먹은 식물의 독이 어른벌레가 된 후에도 남아 있는 것이다. 새에게 잡아먹혀도 독성분이 있어서 새가 다시 뱉어 내므로 목숨을 구할 수 있다.

◀독을 지닌 제왕나비

▼금관화를 먹는 애벌레

△독을 지닌 왕얼룩나비

하늘소붙이

하늘소와 비슷하지만 날개가 딱딱하지 않으며 몸통이 부드럽다. 체액에 독성분이 있어 사람의 피부를 짓무르게 한다.

눈
눈이 크며 밤에도 잘 볼 수 있다.

더듬이
센서 역할을 하며 냄새나 맛을 느낄 수 있다.

앞날개
앞날개는 부드러우며 녹색이나 노란색 등 밝게 빛나는 색깔이 많다.

독이 있는 곳!
몸속에 독성분이 있는 체액을 지녔다.
수비

하늘소붙이의 생태

먹이 — 주식은 꽃가루

꽃가루를 좋아해서 꽃 주변에 많이 모여 있다.

꽃의 단골손님!

날개를 펼치고 출발!

비행 — 빛을 향해 돌진

빛을 좋아하기 때문에 밤에는 빛을 향해 날아간다.

하늘소붙이의 기본 정보

크 기	5~25mm
먹 이	꽃가루, 꽃꿀
서식 환경	숲, 초원 등

하늘소붙이의 종류

청색하늘소붙이

크 기	1~1.6㎝
서식지	한국·일본
증 상	피부염

 레벨 2

잡목림(여러 가지 나무가 자라는 숲)에 살며 집의 전깃불에 모여들기도 한다. 체액에 독성이 있어서 사람의 피부에 체액이 직접 닿으면 화상을 입은 것처럼 부풀어 오른다.

물집청가뢰

공격을 받으면 다리 관절에서 독액을 내뿜어 몸을 보호한다. 독액이 피부에 닿으면 화상을 입은 것처럼 따갑다.

크 기	2㎝	서식지	유럽
증 상	피부염		

 레벨 2

봄이 되면 강둑에서 쉽게 찾아볼 수 있다. 이 시기에 암컷은 커다랗게 부푼 배에 몇 천 개의 알을 갖고 있다. 관절에서 독성분의 체액을 내뿜어 몸을 보호한다.

둥글목남가뢰

크 기	9~27mm
서식지	한국·일본·중국
증 상	피부염

레벨 2

청딱지개미반날개

'화상벌레'라고도 불린다. 주로 논밭 주변에서 발견되며, 밤에는 불빛을 쫓아서 날아든다. 만지면 독성분이 있는 체액을 내뿜어서 피부가 화상을 입은 것처럼 짓무른다.

크 기	6~7mm
서식지	전 세계
증 상	피부염

레벨 2

궁금한 독벌레 이야기

호기심 1 왜 '하늘소붙이'와 '반묘'라는 이름이 붙었을까?

1 왼쪽이 '하늘소', 오른쪽이 '하늘소붙이'이다. 길고 가느다란 몸통이 매우 비슷하다. 따라서 하늘소붙이는 하늘소와 닮아서 붙여진 이름이다.

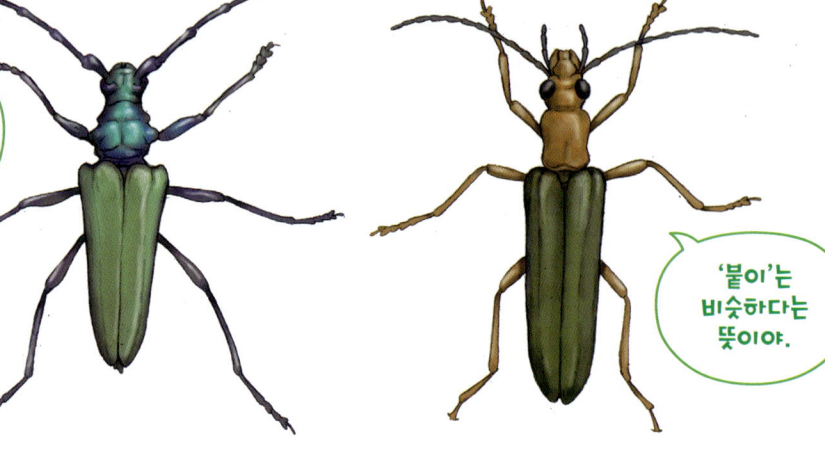

나는 하늘소야. 강력한 턱으로 머리카락도 자를 수 있지.

'붙이'는 비슷하다는 뜻이야.

2 '반묘(가뢰)'는 중국에서 유래된 이름이다. 얼룩무늬(반), 고양이(묘)라는 이름처럼 얼룩무늬가 있고, 잽싸게 먹잇감을 덮치는 고양이를 닮아서 붙여진 한자 이름이다.

3 사실 중국에 서식하는 '반묘'는 맹독성 곤충으로, 가뢰과 곤충을 이르는 말이다. 독이 없는 길앞잡이를 '반묘'라고 부르는 건 잘못된 호칭이다.

내 이름은 길앞잡이야. '반묘'라고도 부르더군. 독은 없으니 걱정 마!

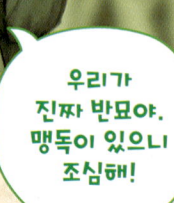

우리가 진짜 반묘야. 맹독이 있으니 조심해!

호기심 2 · 집에 들어오거나 몸에 달라붙으면 어떻게 해야 할까?

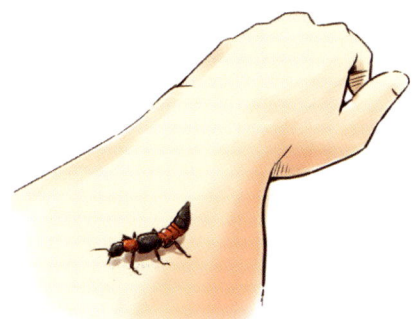

★이렇게 행동하자!★

- 직접 만지지 말고, 눌러서 죽이지 않는다.
- 손으로 가볍게 쳐서 몸에서 떨어트린다.
- 휴지로 부드럽게 감싸서 집 밖으로 내보낸다.
- 살충제를 사용할 때는 벌레가 몸부림치면서 내뿜은 독액을 잘 닦아 낸다.

스페셜 뉴스 · 독이 있는 '딱정벌레'와 '반딧불이'

딱정벌레와 반딧불이에게도 독이 있다. 하지만 그 독은 딱정벌레와 반딧불이를 잡아먹는 새와 거미, 반딧불이의 애벌레를 잡아먹는 수중 생물에만 통하는 독이다. 반딧불이의 애벌레는 먹잇감을 잡을 때도 독을 사용한다. 양쪽 모두 사람에게는 해를 주지 않는다.

칠성무당벌레
▲죽은 척하고 다리에서 지독한 냄새가 나는 노란 체액을 내뿜어 보호한다.

반딧불이의 애벌레
▲몸을 보호할 때는 몸을 둥글게 말고 독이 나오는 하얀 돌기를 빼낸다.

뜨거운 독가스를 내뿜는 곤충

레벨 업! 독 생물 상식

놀라운 기술
독액을 분사하다!

그것이 궁금하다!
독가스를 어떻게 만들까?

1. 독가스는 몸속의 두 가지 물질이 화학 반응을 일으켜서 나타나는 현상이다. 두 가지 물질은 몸속에 따로 저장되어 있다.

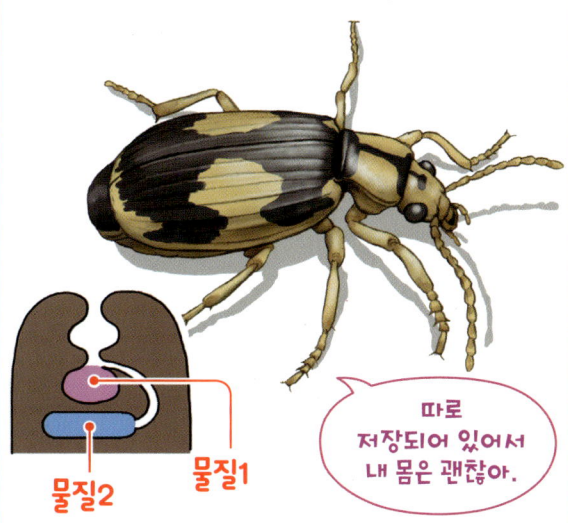

따로 저장되어 있어서 내 몸은 괜찮아.

물질2 물질1

2. 공격을 받으면 두 가지 물질을 섞어서 펄펄 끓인 물만큼 뜨거운 독가스를 발사한다.

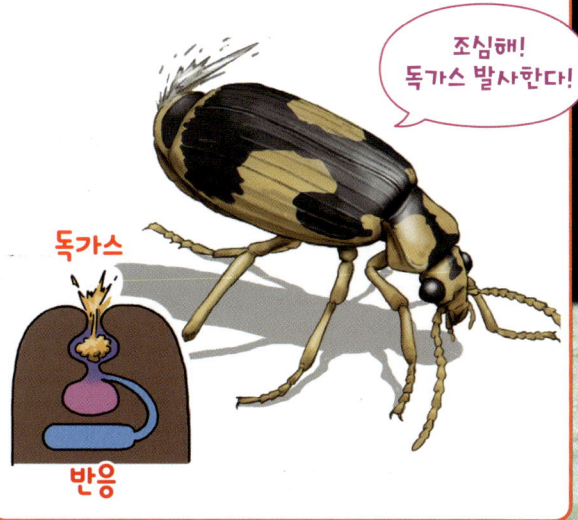

조심해! 독가스 발사한다!

독가스
반응

폭탄먼지벌레

봄이 되면 논밭에서 가까운 풀숲에 자주 나타난다. 공격을 받으면 항문에서 '퍽' 하는 소리와 함께 100℃ 이상의 독액을 내뿜어 독가스를 만들면서 도망간다. 그래서 '방귀벌레'라는 별명으로 불리기도 한다.

- 크 기: 1.6cm 레벨 2
- 서식지: 한국·일본·중국
- 증 상: 통증

응급처치? 타액이나 체액에 섞인 독이 닿으면 어떻게 해야 할까?

독이 닿았다면 눈에 들어가지 않도록 조심해야 한다.
모기에 물렸을 때는 가려워도 긁지 않는다. 긁으면 증상이 더 심해진다.

독을 지닌 위험한 문어 　푸른띠문어·파란고리문어 등

문어

1. 상처를 손가락으로 눌러서 독을 짜내고 물로 잘 씻어 낸다.
2. 상처보다 심장에 가까운 부분을 끈으로 가볍게 묶는다.
3. 곧바로 병원에 간다.

독을 지닌 위험한 하늘소붙이 　청색하늘소붙이 등

하늘소붙이

1. 독이 묻은 부분을 물로 잘 씻어 낸다.
2. 약을 바른다. 냉찜질을 하면 통증이 줄어든다.
3. 눈에 들어갔다면 잘 씻어 낸 후 병원에 간다.

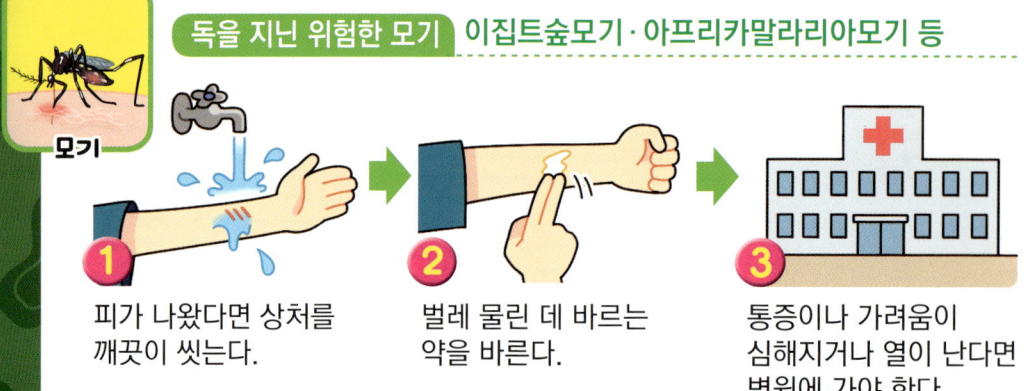

독을 지닌 위험한 모기 　이집트숲모기·아프리카말라리아모기 등

모기

1. 피가 나왔다면 상처를 깨끗이 씻는다.
2. 벌레 물린 데 바르는 약을 바른다.
3. 통증이나 가려움이 심해지거나 열이 난다면 병원에 가야 한다.

7 움직이지 않는 생물을 조심하라!

움직이지 않는 버섯이나 식물에도 독을 지닌 종류가 많다. 특히 잘못 먹으면 독에 중독되거나 만지면 살갗이 짓무르는 독성 식물도 있는데, 어떤 것들이 있는지 알아보자.

버섯

버섯은 '균류'라고 불리는 생물이다. 식용으로 먹으면 맛있지만, 사람의 목숨을 빼앗아 가는 맹독성 버섯도 많다.

주름
갓 안쪽의 주름에는 버섯이 증식하는 데 필요한 포자가 있으며 바람을 타고 날아간다.

식물로 말하면 꽃과 같은 부분이다. 자손을 남기기 위해 점점 길어진다. 종류에 따라 모양이 다양하다.

자실체

균사체
땅이나 나무 안에 실 모양의 균사체가 있다. 이 부분이 버섯의 본체이다.

독이 있는 곳!
버섯 모든 부분에 거의 독이 있다.
수비

버섯의 생태

땅 — 땅에서 자라는 버섯

버섯은 땅속에서 분해된 낙엽 등을 영양분 삼아서 성장한다. 가장 흔하게 볼 수 있는 형태이다.

땅속에서 쑥쑥!

나무 위로 쑥쑥!

똥 속에서 쑥쑥!

나무 — 나무에서 자라는 버섯

표고버섯처럼 나무에서 자라는 버섯은 나무에서 영양분을 얻는다. 버섯의 종류에 따라 자라는 나무의 종류가 다르다.

똥 — 똥에서 자라는 버섯

버섯 중에는 특이하게도 동물의 똥에서만 자라는 버섯도 있다. 똥을 분해한 영양분으로 성장한다.

버섯의 종류

붉은사슴뿔버섯

만지기만 해도 피부에 염증이 생기는 강력한 독을 지녔다. 아주 적은 양이 입에 들어가기만 해도 호흡 곤란이 일어나서 목숨을 잃을 수도 있다.

- 크 기: 10㎝
- 서식지: 한국·일본·중국
- 증 상: 피부염·구토·설사·마비

레벨 5

마귀곰보버섯

소나무나 전나무 등의 침엽수의 그루터기에서 자라는 버섯이다. 먹으면 구토와 설사 등의 증상이 나타난다. 심하면 목숨을 잃을 수도 있다.

- 크 기: 4~8㎝
- 서식지: 한국·일본·유럽·북아메리카
- 증 상: 구토·설사·경련·마비

레벨 5

광대버섯

조금 높은 산에서 자라는 예쁜 버섯이다. 먹으면 설사를 일으키고 꿈을 꾸는 듯이 휘청거리게 된다.

- 크 기: 6~20㎝
- 서식지: 한국·일본·중국
- 증 상: 설사·의식 불명

 레벨 4

독우산광대버섯

이 버섯을 먹으면 6~12시간 후에 구토와 복통, 설사에 시달리게 되며 목숨을 잃을 수도 있다.

- 크 기: 10㎝
- 서식지: 북반구
- 증 상: 구토·복통·설사·탈수

레벨 5

버섯의 종류

독깔때기버섯

이 버섯을 먹고 2~3일이 지나면 손발이 화상을 입은 것처럼 붉게 부어오르고 극심한 통증이 나타난다. 통증은 한 달 이상 계속된다.

크 기	4~8cm
서식지	한국·일본
증 상	격통·부어오름

레벨 4

화경버섯

표고버섯과 비슷해서 잘못 알고 먹는 사람이 많다. 먹고 30분 정도가 지나면 구토와 설사를 일으킨다.

크 기	6~20cm
서식지	한국·일본
증 상	구토·복통·설사

레벨 3

노란다발버섯

식용으로 먹는 밤버섯과 비슷하게 생겨서 잘못 알고 먹기도 한다. 이 버섯을 먹고 30분 정도가 지나면 구토와 복통이 나타나며 경련을 일으키다 목숨을 잃기도 한다.

- 크기 2~5㎝
- 서식지 한국·일본·중국
- 증상 구토·복통·경련
- 레벨 5

갈황색미치광이버섯

이 버섯을 먹으면 갑자기 난폭해지며, 환각 증상을 일으킨다. 지독한 냄새를 풍기는 버섯으로, 씹으면 매우 쓰다.

- 크기 3~15㎝
- 서식지 북반구
- 증상 어지럼증·환각
- 레벨 3

궁금한 버섯 이야기

호기심 1 버섯은 식물이 아니라고? 식물과 어떻게 다른 걸까?

1 버섯은 식물이 아니라 '균류'라는 생물이다.

식물인 줄 알았지?

2 가장 큰 차이점은 영양분을 얻는 방법이다. 식물은 스스로 영양분을 만들어 낸다.

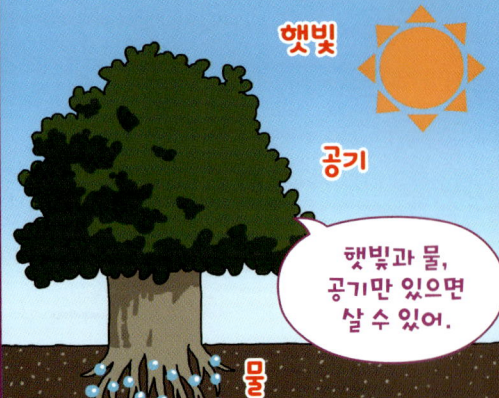

햇빛과 물, 공기만 있으면 살 수 있어.

3 버섯은 스스로 영양분을 만들어 내지 못하므로 다른 식물이나 동물에게 영양분을 얻어서 성장한다.

다른 동물과 마찬가지야.

4 식물은 대부분 씨앗으로 자손을 번식하지만, 버섯은 포자로 번식한다는 점도 다르다.

호기심 2 버섯은 어떻게 번식할까?
처음부터 독이 있었을까?

① 버섯은 포자로 개체 수를 늘린다. 갓 안쪽의 포자가 연기처럼 퍼져 나간다.

② 포자는 바람을 타고 날아가거나 빗물에 흘러 내려간다. 이렇게 돌아다니는 포자를 동물이 먹고, 동물의 똥으로 배출되기도 한다.

포자에는 독이 없어.

③ 흙이나 낙엽 위, 나무 등에 떨어지면 실처럼 생긴 가느다란 균사가 만들어진다.

④ 균사가 모이면 버섯의 본체인 균사체가 만들어진다. 흙이나 나무 속에 숨겨져 있던 균사체가 자라서 땅 위로 솟은 것이 바로 버섯이다.

독버섯의 균사에는 독이 있어.

포자를 만들어 내는 곳이 '자실체'야.

호기심 3 — 독버섯은 전부 화려한 색을 띠고 있을까?

1 화려하지 않은 독버섯도 많다. 색깔만으로 독버섯을 판단해서는 안 된다.

화려하지 않아도 독버섯이라고!

삿갓외대버섯

2 반대로 식용으로 먹는 버섯 중에 오히려 화려한 색을 띠고 있는 종류도 많다.

달걀버섯

민자주방망이버섯

화려하게 생겼지만 먹을 수 있어.

호기심 4 — 익히거나 구우면 버섯의 독이 없어질까?

1 익히면 독성분이 녹아 나와서 먹을 수 있는 독버섯도 있다. 하지만 독성분이 사라지지 않는 독버섯도 많다.

2 식용으로 많이 먹는 새송이버섯이나 잎새버섯도 생으로 많은 양을 먹으면 중독 증상이 나타날 수 있다.

새송이버섯

잎새버섯

호기심 5 버섯에는 왜 독이 있을까? 어떤 상황에서 독이 필요할까?

1 버섯의 독은 먹고 난 후에 증상이 나타날 때가 많다. 그러므로 버섯의 독은 몸을 보호하기 위한 것은 아니다. 버섯에 왜 독이 있는지 다양하게 생각해 볼 수 있다.

소화되고 나면…
배 아파.

2 버섯의 균사는 흙 속에서 다양한 균과 싸우며 넓게 퍼져 나간다. 이때 독이 도움을 준다고 알려지기도 했다.

흙 속의 균
넓게 퍼지는 균사

3 버섯은 대부분 마른 식물과 동물의 사체를 분해해서 영양분을 얻는다. 독으로 생물의 목숨을 빼앗아서 다른 버섯이 살 수 있도록 돕는다고도 알려졌다.

독으로 날 이렇게 만들다니!

4 부패한 생물을 분해하기 위한 성분이 우연히 사람에게 독으로 작용했을 뿐이라는 주장도 있다.

사람에게만 해로운 건지도 몰라.
흰알광대버섯
독우산광대버섯
알광대버섯

식물의 생태

유독 식물이 가득!

숲 — 유독 식물의 보물 창고
다양한 나무와 풀이 우거진 숲에는 수많은 유독 식물이 존재한다.

심지 않아도 쑥쑥!

공터 — 동네 공터에도 존재
빈 땅만 있으면 어느새 무성하게 수풀이 자라나 있다. 동네 공터의 수풀에도 유독 식물이 있을 수 있으니 조심해야 한다.

예쁜 꽃에도 독이!

화단 — 의외의 곳에서 존재
사람들이 즐기기 위해 심어 놓은 화단의 식물에도 유독 식물이 섞여 있다.

식물의 종류

투구꽃

꽃에서 뿌리까지 모든 부분에 독이 있다. 먹으면 마비가 일어나 목숨을 잃을 수도 있다.

- 크 기: 50~120cm
- 서식지: 한국·중국·러시아
- 증 상: 복통·마비 (레벨 5)

독미나리

식용으로 사용하는 미나리와 비슷해서 헷갈리기 쉽다. 특히 뿌리에 독이 강하며 먹으면 호흡 곤란을 일으켜서 목숨을 잃을 수도 있다.

- 크 기: 60~100cm
- 서식지: 한국·일본·중국
- 증 상: 경련·마비 (레벨 5)

독빈도리

먹어도 될 것처럼 보이는 빨간 열매에 맹독 성분이 있다. 열매를 먹으면 호흡 곤란을 일으켜서 목숨을 잃을 수도 있다.

- 크 기: 1~2m
- 서식지: 일본
- 증 상: 경련·마비 (레벨 5)

협죽도

잎, 줄기, 뿌리에 독이 있다. 먹으면 목숨이 위험해질 정도로 강력한 유독 식물이다.

- 크 기: 2~5m
- 서식지: 한국·인도
- 증 상: 어지럼증·마비 — 레벨 5

수국

요리에 장식된 수국 잎을 먹으면 구토나 어지럼증을 일으킬 수도 있다. 하지만 수국의 독성분이 무엇인지 아직 자세히 밝혀지지 않았다.

- 크 기: 1~2m
- 서식지: 한국·일본
- 증 상: 구토·어지럼증 — 레벨 2

개옻나무

산에서 쉽게 찾아볼 수 있는 나무이다. 알아채지 못하고 만져서 피부에 수액이 묻으면 피부염을 일으키기도 한다. 심하면 얼굴 전체가 부어오른다.

▲옻나무 수액은 옻칠 공예품의 재료로 사용된다.

- 크 기: 3~5m
- 서식지: 한국·일본·중국
- 증 상: 피부염 — 레벨 3

궁금한 식물 이야기

호기심 1 왜 식물에 독이 있을까? 독은 식물에 어떤 도움을 줄까?

① 식물에 독이 있는 이유는 동물이나 벌레 등으로부터 몸을 보호하기 위해서라고 한다.

제충국

- 독으로 벌레를 죽이기도 해.
- 천연 살충제의 재료로 사용되기도 하지.

② 덜 익어서 녹색 빛을 띠고 있는 토마토에는 알칼로이드 독성분인 '솔라닌'이 들어 있다.

토마토

- 익지 않았을 때는 독이 조금 남아서 쓴맛이 나.
- 이제 맛있을 거야.

③ 강렬한 냄새를 풍겨서 자신에게 독이 있다는 사실을 주변에 알리는 식물도 있다.

붓순나무

- 아우, 지독한 냄새!

④ 배풍등의 열매에는 구토나 설사 등을 일으키는 독이 있어 자신을 보호한다.

배풍등

- 먹지 않는 게 좋을 텐데….

호기심 2 왜 독이 있는 식물을 심을까?

길가에서 흔히 볼 수 있는 협죽도는 공해가 심한 곳에서도 잘 자라며 벌레도 잘 꼬이지 않는다. 또한 잎이 크고 무성하게 자라서 소음을 막아 주는 효과도 있어 고속도로 주변에 많이 심는다.

스페셜뉴스  나라공원 쐐기풀의 놀라운 특징

쐐기풀은 줄기와 잎에 독 가시가 나 있는 식물이다. 일본의 나라공원에 있는 쐐기풀은 놀라운 특징이 있다. 이곳의 쐐기풀은 다른 쐐기풀보다 무려 50배나 많은 가시가 돋아 있다고 알려졌다. 공원에 사는 사슴에게 먹히지 않기 위해 1,000년이 넘는 시간 동안 진화해 온 결과라고 한다.

▼나라공원의 쐐기풀

가시가 정말 많지?

일반적인 쐐기풀▶

레벨 업! 독 생물 상식

맛있지만 독을 가진 식물

놀라운 사실 — 감자에 독이!

감자

감자에서 자란 싹과 햇빛을 받아 녹색으로 변한 부분에는 '솔라닌'이라는 독성 물질이 있다. 이 부분을 먹으면 구토나 설사 증상을 보이기도 한다.

크 기	60~100㎝
서식지	밭
증 상	구토·설사

레벨 2

최강 반전 — 보관 상태에 따라 독이 점점 늘어난다고?

① 햇빛에 오랜 시간 노출되거나 보관 상태가 좋지 않으면 솔라닌의 양은 늘어난다.

② 먹을 때는 독이 있는 싹을 완전히 제거하고 녹색으로 변한 껍질은 두껍게 벗겨 내야 한다.

싹이 났으니 조심해!
녹색으로 변해 버렸어.

싹이 난 부분은 완전히 제거해야 해.

놀라운 사실
매실에 독이!

크 기	3~10m
서식지	정원·공원
증 상	구토·두통·경련

레벨  3

매실

익지 않은 녹색의 풋매실 열매를 먹으면, 위 안에서 유독 물질인 청산으로 분해되어 호흡 곤란 등의 증세가 나타난다.

최강 반전 씨를 지키기 위해서 독이 있다고?

① 녹색 열매에 독이 있는 이유는, 씨가 다 성장하기 전에 먹히지 않기 위해서이다.

익으면 독이 없어진다.

② 녹색 열매의 씨는 독성이 더 강력하다. 만약 열매를 먹을 수 있다고 해도 씨는 뱉어 내야 한다.

매실

복숭아

비파

응급처치? 식중독에 걸리면 어떻게 해야 할까?

식중독이란 음식물 가운데 함유된 유독 물질의 섭취로 생기는 급성 소화 기관 병을 말한다. 대부분 상한 음식물을 먹었을 때 발생하지만, 익지 않은 과일을 먹거나 음식을 지나치게 먹는 것도 원인이 될 수 있다.

식중독의 원인이 될 수 있는 것

자연에 있는 독

독버섯

독버섯에 대한 지식이 없으면 어떤 버섯에 독이 있는지 판단할 수 없으므로 위험하다.

유독 식물

먹을 수 있는 산나물로 잘못 알고 먹으면 몸에 해로울 수 있다.

독을 가진 생물

조리법이나 독을 제거하는 방법이 잘못되면 몸에 해로울 수 있다.

세균과 바이러스

생으로 먹는 음식

생선이나 조개, 채소, 달걀 등을 익히지 않고 먹을 때 충분히 씻지 않거나 오래된 것을 먹으면 균이나 바이러스, 기생충에 감염될 수 있다.

충분히 익히지 않은 음식
적절한 온도에서 충분히 조리하지 않으면 균이 남아 있을 수 있다.

조리하고 시간이 한참 지난 음식

따뜻한 곳에서 오랜 시간 방치해 두면 균이 증식한다.

곰팡이가 핀 음식

곰팡이 때문에 음식에 변화가 일어나서 식중독의 원인이 된다.

식중독의 위험이 있는 음식을 먹었을 때

메스꺼운 증세가 있으면 따뜻한 물을 마시거나 입에 손가락을 넣어서 먹은 음식물을 토해 낸다.

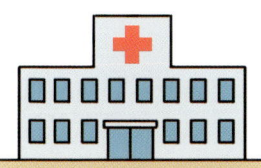
몸 상태가 나빠지면 병원에 간다. 먹고 남은 것을 가지고 가면 원인을 쉽게 알아낼 수 있다.

의식이 없을 때는 억지로 토하게 하지 말고 담요 등으로 몸을 따뜻하게 감싼 뒤, 병원으로 데려간다.

스페셜 뉴스 - 개와 고양이에게 독이 되는 음식

파 종류

파 종류의 식물은 개와 고양이의 혈액을 손상시켜서 빈혈을 일으킨다. 심하면 목숨을 잃게 만든다. 초콜릿(원료인 카카오)도 위험하게 만들 수 있으며, 건포도나 견과류 등도 중독 증상을 일으킨다. 사람의 음식은 맛이 강해서 익숙해지면 자꾸 먹으려고 하지만, 몸집이 작은 개나 고양이에게는 염분과 당분이 너무 많아서 질병의 원인이 된다.

대파, 양파, 마늘, 부추 등

사람이 먹는 음식
햄, 베이컨, 소시지, 치킨 등

초콜릿과 견과류
초콜릿, 견과류, 건포도 등

무시무시한 맹독성 생물 베스트 10

과학자들은 수많은 생물의 독성분을 연구하고 있다. 이 연구 결과를 바탕으로 가장 강력한 독을 가진 생물은 누구인지 알아보자!

1위 팔리토아말미잘 — 생물계 최강 독

신경독 / 만지면 위험!

미국 하와이에서만 발견되는 맹독성 생물이다.

2위 호주상자해파리 — 바닷속 최강 맹독 생물

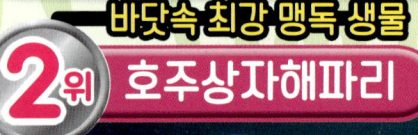

혼합독 / 쏘이면 위험!

오스트레일리아에 사는 거대 맹독 해파리이다.

3위 두건피토휘 — 하늘 위 최강 맹독 생물

신경독 / 만지면 위험!

뉴기니 섬에서 세계 최초로 발견된 '독을 지닌 새'이다.

4위 황금독화살개구리
최강 독 개구리

신경독 | 만지면 위험!

5위 하부쿠라게
뱀보다 치명적인 독

혼합독 | 쏘이면 위험!

6위 애어리염낭거미
까맣고 날카로운 독니

신경독 | 물리면 위험!

7위 캘리포니아영원
독이 스며 나오는 피부

신경독 | 만지면 위험!

8위 대보초청자고둥
무시무시한 숨겨진 침

신경독 | 찔리면 위험!

9위 푸른띠문어
먹는 건 절대 금물

신경독 | 물리면 위험!

10위 인랜드타이판
최강 독사

신경독 | 물리면 위험!

※ 독의 강도는 체중 1kg인 생물의 절반을 죽이는 데 필요한 양을 조사해서 결정한다. 사람을 공격했을 때 몸속에 들어간 독의 양에 따라 증상이 다르므로, 독의 강도와 사람의 위험도가 같다고는 할 수 없다.